JN162980

坊さんの妙薬小咄88話

松本修明 著

国書刊行会

まえがき

私どもの寺では、会報「蓮華通信」を年に十回発行しています。平成二十八年十二月現在で368号になります。

三十六年ほど前の発行当初は、法話の要点や法座の時の質疑応答などを整理し、檀信徒の方々に配っていました。いつしか同門人、僧侶、研究者、地域住人の方々などにも配布先が広がり、現在に至っています。

会報の中心的内容は教義学ですが、それだけでは、窮屈だとの意見があり、年間行事の解説や、短歌を併載しました。ところが、

「もっと平易《へいい》に仏教に親しめる、馴染《なじ》める話はないか」

と世話人方から要望があり、自作の小咄《こばなし》を掲載したところ、そこそこ好評で、気を好くした小衲《しょうのう》は、頭の体操にもなると思い、現在も続けている次第です。

今回はその中から八十八話を選び、出版の運びとなりました。

当山の所在地・大津市衣川台に元気な老人会「みどり会」があります。

会長は元仏教大学教授の山口信治さん、副会長は元東洋紡研究部門の要職にあった農学博士の安藤實さんです。ほかにも男女ともに、ともかく皆元気なインテリの多い会です。

「みどり会」の例会は、まるで吉本興業の出張所のようで、ときどき小衲の創作小咄をコント風にアレンジして、会長と役員が掛け合いをし、会員を喜ばせています。芸達者な方々が多いせいか、リクエストもあるほど好評です。

笑いは百薬の長、長寿社会の良薬です。笑いが縁で、仏教に親しみや興味を持っていただければ、小衲の役目の一端は、果たしている気がします。

本書の出版準備をしていた八月の中ごろ、湖西線の堅田《かただ》駅からタクシーで、寺に向かい門前で料金を払うとき、運転手さんから、

「黄金の彼岸花《ひがんばな》が咲くのは、このお寺ですか」

と聞かれ

「ええ、十月初めごろが見頃ですよ」

と答えましたが、初めての問いに驚きました。

当山に咲く黄金色の彼岸花は、数年前に熊本の篤志家《とくしか》・加藤憲男さんからの寄贈です。ようやく大津の土地に馴染《なじ》んで、越冬できるように品種改良が進んだようです。来年は百本ぐらいが咲くだろうと期待しています。表紙カバーの写真は老人会「みどり会」副会長の安藤實さんの撮影です。

彼岸花と同じく、本書が多くの有縁《うえん》の読者に迎えられ、あちらこちらで話題の花が咲くことを願っています。

平成二十九年一月

松本　修明

目次

真夏・海・山・盆の風……

蒼穹《そうきゅう》に雲流れて白い秋……

冬、来たりなば……

春ともなれば……

花まつり

第1話　鈍感力

『鈍感力』というタイトルの本が話題になりました。

人間を鈍感と敏感に分けると、敏感すぎる人ほど仕事や人間関係の結果が良くない、といいます。恋愛においても、鈍感でめげない人の方が、相手のハートを射止《いと》め、最後に思いを遂《と》げるそうです。これが鈍感力というわけです。

病院での健康診断です。尿検査に二リットル瓶一杯の、多量の尿を持参した患者さんがいました。

医者「こんなにたくさんの尿はいらないのですよ。でもせっかくですから、検査をしましょう。しばらくお待ち下さい」

検査が終わり、再び診察室での会話です。

医者「何にも問題ありません」

患者「病気の心配はないですか？」

医者「心配ありません。健康状態は良好です」

患者「ありがとうございました」

診察室を出た患者さんは、待合室でさっそく家に電話をしました。

「お父さん、お母さん、お爺ちゃん、お婆ちゃん、お兄さん、お姉さん、みんな、大丈夫だったよ。先生は健康に問題ないって言ってたよ」

第2話　家内のしかえし

信者さんがお寺に愚痴《ぐち》をこぼしにきました。

信者「この間、家内が、台所で捜し物をしていたんですよ」

住職「ふむふむ」

信者「何を探しているんだ」

夫人「お鍋なのよ。時々どこかへ行っちゃうのよ」

信者「どんな鍋だい」

夫人「白地に花柄模様の鍋よ」

信者「なるほど、それで、時々どこかに行っちゃうんか」

夫人「そうなのよ」

信者「わかった、そりゃー、ホウロウ鍋だな」

住職「ははは、ホウロウ鍋に放浪をかけて、さすがですな」

信者「機《き》転《てん》が利《き》いたと思ったら、家内にあとで復讐されたんですよ」

住職「なにがあったんですか？」

信者「ゴルフの練習で、背中がこわばったので、薬を塗ってもらったんですよ」

住職「ありがたいですなー、奥さんは」

信者「まったく世話が焼ける人ね……、なんて言われながら、背中に薬を塗ってもらい、背中がスースーしたんで、こりゃいーな、ありがとう、と言うと」

住職「どうしました？」

信者「そしたら、家内のいわく、あらほんと？　これ、ねり歯磨きなのよって」

第3話　名人の最後

本家《ほんけ》の桜の樹の下に親戚一同が集まり、恒例の花見を楽しみました。酒の酔いが回わった頃、誰かが、

「親戚中で嘘つき名人はだれかなー。一番の者に金メダルやろうよ」

と言い出し、話題になりました。それを耳にした本家の隠居が、

「何を馬鹿なことを言うんじゃ。わしを見ろ、この歳になるまで、一度も嘘をついたことはないぞ」

と。それを聞いた皆は、

「うわあ、金メダルは、ご隠居さんだ」

と、大いに盛り上がりました。

ところが、間もなく、そのご隠居が風邪がもとで、臨終を迎えました。ベッドの脇に息子たちや親戚を集め、

「元気なころは、いろいろわがままを言って、皆に迷惑をかけたなー。そのお詫びに、わしが死んだら、毎年花見をしていたあの桜の樹の根元を掘って見てくれ。あそこに大きな壷を埋めてある。壷の中に油紙で包んだ一千万円が入っているから、遠慮なく皆で分けてくれ」

と言い残して、息を引き取りました。


初七日《しょなのか》が過ぎてから、一同が集まり、桜の樹の根元を掘りますと、しっかり蓋《ふた》をした壷《つぼ》が出てきました。一同は顔を見合わせ、

「さすがの嘘つき名人も、死ぬ時は、本当のことを言ったんだなー」

と感心しながら壷の蓋を開けると、油紙に包んだ封書があります。だれかが、

「銀行の通帳が包まれてるんかな」

と言うので、期待をふくらまして封書を開けると、

「これが嘘のつきじまい」

と書いた紙が出てきました。

第4話　百年亀と釣り教室

お寺にはいろいろな方がさまざまな相談に見えます。その対応も住職の役目です。師《し》僧《そう》の言葉を借りれば、

「本当の相談は少なく、ほとんどが貪《とん》・瞋《じん》・痴《ち》の吐露《とろ》だ」

と言います。一理ある示唆《しさ》です。しかし、住職が話にのせられたり、騙《だま》されたりすることもあります。

檀家「先日夜店で、珍しい生き物を見つけたんですよ」

住職「ほほう。それは？」

檀家「百年亀です」

住職「百年亀ねー。どんな亀です？」

檀家「形は普通の亀なんですが、普通の亀は、千年生きると言いますが、この亀は百

年しか生きないと言うんですよ」
住職「それを手に入れたんですかな」
檀家「そうなんですよ。ところが、買って二日目に、その亀が死んでしまったんですよ」
住職「今日は、その、百年の亀のお葬式の相談ですか？」
檀家「そうではないんです。聞いて下さいよ」
住職「はいはい、お聞きしましょう」
檀家「そこで、件《くだん》の店に行って。文句を言ったんですが、店の言い分は、死んだその日が百年目だったと」
住職「よくある話ですな。お祭りの露天商で子供がよく騙《だま》された話ですな。でも大人が騙されたのは、初めて聞きましたなー」
檀家「そこで私も発心《ほっしん》しました」
住職「信心《しんじん》の発心ですか。感心ですな」
檀家「そうではないんです。もう珍しいものを探すのは止めにしました」

住職「その方が無難ですな」
檀家「その代わりに、何か、趣味を持とうと思いましてねー」
住職「その方が賢明ですな」
檀家「そこで趣味の教室を求めて、街中を歩き回りました」
住職「何か見つけましたか？」
檀家「ええ、駅の周りには、いろんな教室の広告がありまして、パソコン、外国語、ダンス、ヨガ、体操、太極拳、瞑想教室、囲碁、将棋、麻雀教室などなど、いろいろあって、目移りしましたねー」
住職「何に決めたんですかな」
檀家「頭が良くないので、パソコンや外国語は止めました」
住職「そうですか」
檀家「年齢も考えて、体育系も止めました」
住職「なるほど」
檀家「晩年の趣味に相応《ふさわ》しい、のんびり静かなものと思い、釣り教室に決めたんですよ」

住職「そうでしたか。釣り教室では、どんなことを教えてくれるのですかのー？」

檀家「入会すると、簡単な講義があって、そのあと一時限目は川釣り実習、二時限目は海釣り実習でした」

住職「えっ、駅の近くで実習できるんですか？」

檀家「ええ、なかなかの実習で、生徒は教室の二階に上がり、窓から釣り糸を垂らします。先生が釣り糸を引っ張り、魚の種類により、竿の当たりを感じ取る練習なんです。鮒《ふな》・鯉《こい》・鮎《あゆ》・ナマズ・鰻《うなぎ》・ハヤなどです」

住職「なるほど」

檀家「二時限目は、海釣りです。先生が糸を引きます。生徒が答えます。正解だと先生が大漁旗《たいりょうき》を振ります。不正解は赤旗《あかはた》です」

住職「なるほど」

檀家「強い引きがありましたので、これはマグロだなっと思って答えると、先生が大漁旗を振りました」

住職「正解だったわけですな」

檀家「はい。さらにまた、引きます。これは、少し弱いので、鰹《かつお》ですと答えると、先生が大漁旛を振りました」

住職「面白いですな」

檀家「するとこんどは、窓から落ちそうになるくらい、強く引かれました。私は思わずこれは鯨《くじら》ですと答えると、先生が赤旗を振りながら、潜水艦です、と」

住職「………?」

第5話　鍾馗様《しょうきさま》

二月三日は、旧正月・節分で、

「福は内、鬼は外」

のかけ声とともに豆を撒《ま》きます。この鬼退治は道教の邪気祓《じゃきはら》いの習慣が日本に伝来し、神仏混淆《しんぶつこんこう》に依用《えよう》され、江戸時代に庶民に普及した年中行事です。

ひげ面で怖い顔の鍾馗様《しょうきさま》が印刷されたお札を、家の玄関に貼ります。鍾馗様は疫鬼《えきき》を退《しりぞ》け魔を除く神で、中国の鬼退治の大将です。

節分の豆まきが終わったとき、家にいきなり赤鬼が飛び込んできました。家人が残りの豆をぶつけようとしました。

赤鬼「御願いです。どうぞしばらくここにかくまってください」

家人「どうした、何か怖い者でも出くわしたのか」

赤鬼「ええ、そこに生酔《なまよ》いの者がいるんですよ」
家人「何を云ってんだ、鬼ともあろう者が生酔いの者を怖がってどうするんだ」
赤鬼「いいえ、あれが怖いんですよ。生酔いは酒がさめるとショウキ（正気・鍾馗）になりますから」

鎮宅符としての鍾馗図

第6話　七草粥

正月七日の「七草粥《ななくさがゆ》」の風習は、道教の魔除けの習慣が平安貴族の間に定着した年中行事です。日蓮門下では、七草の七がお題目の七文字と共通するので、「お題目粥《だいもくがゆ》」などといいます。

父「今日は正月七日だから、七草がいだな。おかいの支度はできてるか」

母「はい、かいの準備は出来ていますよ」

子「父ちゃん何で七かいなの。何時も六かい（六界、六道）輪廻て言うくせにー。そーか六かいが正月で一つ歳を取って七かいになったんかー」

それを聞いていた母親が台所から

母「違いますよ。七かい（界）は声聞《しょうもん》かい（界）ですよ」

と。それを聞いた父親が、

父「俺たちは、七かいじゃなくて九かい（九界）なんだぞ、菩薩かい（界）なんだぞ」
と。それを聞いた子どもが言いました。
子「そーか、俺いつも皆に、ぼーとしてる、ぼーとしてるって言われるんだけど、俺は、ぼーさつ（菩薩）なんだ」

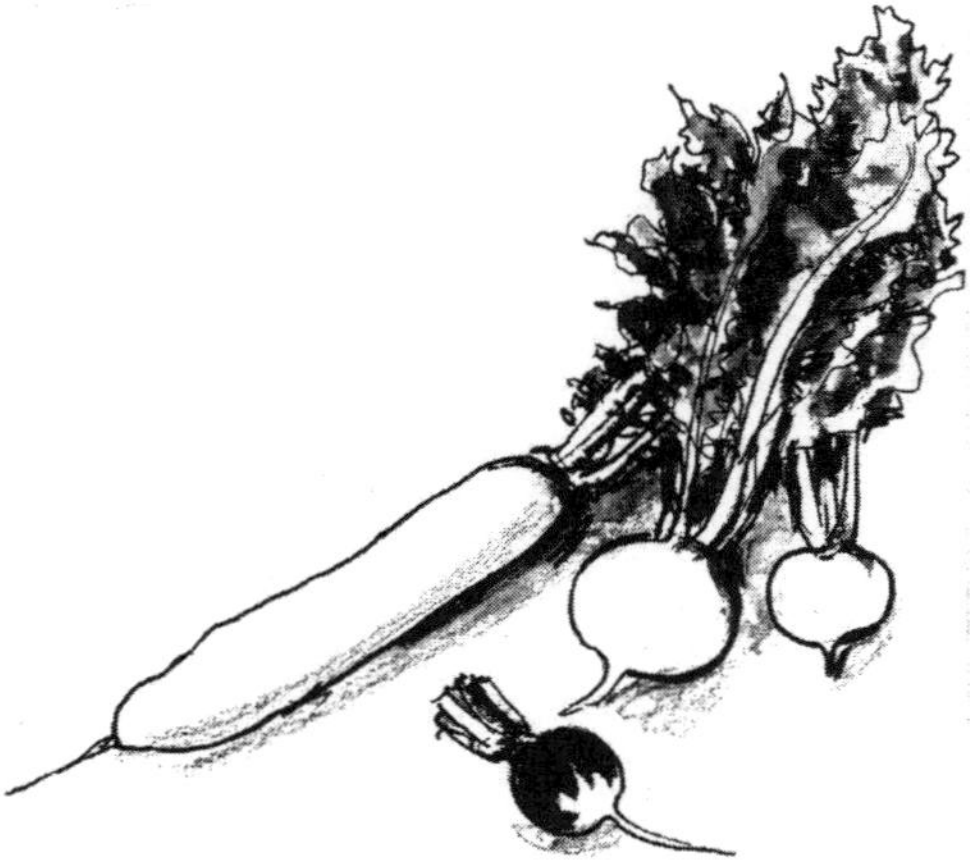

第7話　観音様参り

人間は環境が変わると、考え方まで変わるものです。

神奈川県のある地方は、しばらく前までは全くの田舎でしたが、近くに団地や幹線道路、商店街や学校ができ、急激に地方の中堅都市に変容しました。当地の山寺も急に檀家が増え、本堂・庫裏を増改築し、弟子を持つようになりました。

ご多分にもれず、収入が増えた勢いで、住職は法事を弟子に任せ、三日にあげず横浜のキャバクラ通いに熱中しています。ある日の夕方、横浜の繁華街で偶然檀家のご婦人に遇いました。

檀家「おやおやご住職が女遊びに夢中だとの噂はホントでしたね。道理で手前どもにお参りがないし、寺に尋ねても留守が多いはずですね」

住職「いやいや、そうではありません。私も皆さんにいただいたお布施のなかから、修行のために使わせていただいているんです」

檀家「そうですか、ご修行ですか。ところで何のご修行ですか」

住職「はい、当山の本尊にあやかって観音様参りです」

檀家「???」

第8話　禁酒

仏教の基本的戒律に、

❶不殺生戒《ふせっしょうかい》……生きものを殺さない

❷不偸盗戒《ふちゅうとうかい》……与えられないもの以外、他人の物を盗まない

❸不邪淫戒《ふじゃいんかい》……よこしまな性的関係を結ばない

❹不妄語戒《ふもうごかい》……ウソをつかない

❺不飲酒戒《ふおんじゅかい》……酔わせるものを飲まない

の五戒《ごかい》があります。

しかし、私たちの日常生活は、❶肉食・魚食をして不殺生戒を侵し、❷他人の受け売りをしたり、約束の時間を守らずに相手の時間を奪う不偸盗戒を侵し、❸結婚して不邪淫戒を侵し、❹未確認の情報を他人に伝えて不妄語戒を侵し、❺酒を飲んで不飲酒戒を侵しています。

末法は無戒といいますが、日蓮聖人は、

「五戒は妙法の五字なり」

と明かしています。僧俗は、せめて五戒の一つぐらいは、守りたいものです。一番簡単で、自分だけで守れるのが不飲酒戒です。


酒好きの父親が、これまた酒好きな息子に、

「酒は間違いを起こしやすい。そんなに飲んでは先が思いやられる。酒をやめなさい、お父さんも止めるから」

と話し、親子で禁酒を約束しました。親子は別々に新年会に呼ばれ、息子が先に家に帰ると、間もなく父親も帰りました。酒を飲んでしたたかに酔っている息子をみて父親が、

「バカ野郎、酒なんか飲んできて。あれだけ約束したじゃないか、飲むんじゃないと。お前の身を思えばこそ、この身代《しんだい》をお前にそっくり譲ろうと思えばこそ、言うんですよ」

と小言を言い、さらに、

「お前は何時《いつ》から、そんな化け物になったんだ。顔が三つもゆれてるじゃねーか。そ

んな化け物に、この身代は絶体譲れねーから、そう思え」

と言います。息子は、

「じょうだんじゃねーや、私《あたし》だって、こんなぐるぐる廻る家なんか誰が欲しがるもんですか。第一真っ直ぐ歩けやしねーや」

と言い返しました。落語家柳家小さんの十八番《おはこ》「親子酒」の世界です。


アルコールの害は、前頭連合野（総合判断）、海馬《かいば》（記憶）、小脳（運動神経）を侵します。継続は脳血管障害・循環器障害を誘発します。仏教徒はお釈迦さまの言うことは聞くべきです。

第9話　独り暮らし

最近は、都会でも田舎でも、独居老人が亡くなる話を耳にします。戦前は三世代同居が当たり前でしたので、独居老人は稀《まれ》でした。昨今の過剰なプライバシーの尊重は、家族制度や相互扶助の心まで破壊してしまいます。これらもアメリカの戦後の日本弱体化政策の顕在化です。

また最近は、定年退職者の間に、田舎暮らしが流行《はや》っています。土や緑や水が恋しいのは、人間の本能的欲求であり、自然回帰現象の発露です。

ある男が脱都会とシャレ込んで、田舎に野中の一軒家を借りました。ところが留守中に泥棒が入り、長持ち（木製の大きな衣装箱）一つを残して、家財道具の一切が盗まれました。帰宅した男は布団もないので途方に暮れ、仕方なくその長持ちの中で寝ることにしました。

すると、その晩、また別の二人組の泥棒が入り、その長持ちを担ぎ出していきました。

しばらくして、長持ちの中の男がイビキをかき始めると、泥棒は恐ろしくなり、長持ちを放り出して逃げてしまいました。

男が長持ちから、這い出して見ると、あたりは一面の野原です。男はびっくりして叫びました。

「あれ、こんどは家を盗まれた」

第10話　金比羅様《こんぴらさま》と願の掛け直し

金比羅様《こんぴらさま》で有名なのは、四国讃岐《さぬき》（香川県琴平町）の金刀比羅宮《ことひらぐう》ですが、この神様の原形は、ガンビーラというインド産の鰐《わに》です。鰐に対する畏敬《いけい》の念が神格化されたもので、水の神、航海の神、豊漁の神として崇められ、いつしか金運の神にまで変容してしまいました。

この神が仏教に開会《かいえ》され、薬師如来の十二神将の一人となり、日本に伝来して神仏混《こん》淆《こう》し、大物主命《おおものぬしのみこと》が金比羅の垂迹《すいじゃく》神《しん》とされました。

因《ちな》みに竜神は、この鰐の顔、鹿の角、蛇の体、鷲の爪の混合神だともいわれています。

法華仏教では、曼荼羅諸尊の中の毘沙門天が四天王の頭領であり、あらゆる方位の法華行者の守護を司ります。私たちは上行体具の毘沙門天を旅途の守護神と見ます。体外の毘沙門天では、法華行者の守護にはなりません。またガンビーラも浄瑠璃世界では守護力を発揮しますが末法の娑婆では守護力はありません。

酒好きの漁師が友達と酒の話をしていました。

友人「お前、酒を止《や》めたんだって」

漁師「おう、女房がうるさいからな、それに医者にも言われたからな」

友人「どうやって止めたんだい」

漁師「実は、今月一日に金比羅様に願掛けしたんだ」

友人「どんな願を？」

漁師「今後、五年間の禁酒の願よ」

友人「そいつぁ気の毒だな。どうだい、願掛け直しのいい方法があるんだが、やってみないか」

漁師「どうすんだ」

友人「今後五年の禁酒の願掛けを、十年の禁酒に変更してだな、夜だけ呑んだらどうだい」

漁師「そいつぁいいや、いっそ、二十年の願掛けにして、夜も昼もやるか」

友人「そりゃいい、それなら、俺も願掛けに付き合えるぞ」

第11話　よそいき猫

かつては、どの家庭でも日常・非日常の区別が明確で、外出時の服装には充分注意したものです。それが教養でした。

最近は、平気で破けたジーンズなどを履いている若者を見かけますが、わけ知りの知人から、

「洗濯機のような巨大なドラムに新品のジーンズと小石を入れ、わざと使い古した風合いや破れを創り出すのですよ」

と聞き、びっくりしてしまいました。

法華仏教では「所作《しょさ》仏事」、「能所《のうしょ》荘厳」と教えています。その意味は、「生活のふるまいや所作（読経やお題目など）の総てが仏事と思うこと。そして、他を荘厳にした分だけ、己が荘厳にされるものだよ」

ということです。外出時の服装には、充分気をつけたいものです。

Aさんが知人のBさんに連絡しました。

A「お宅で、猫の子が生まれたそうですね。一匹分けて頂けませんか」

B「ええ、よろしいです。すぐにお持ちしましょう」

Bさんが抱えてきた子猫を見て、

A「汚い子猫ですね、もっと綺麗なのが欲しかったなあ」

B「だけど、せっかく持ってきたのだから、普段は、この子猫を飼ってやって下さいな。そのうち、よそいきの子猫を持ってきますから」

A「?……」

第12話　雲水

禅宗では、修行中の僧や托鉢行《たくはつぎょう》を行っている僧を総称して「雲水《うんすい》」といいます。もとより雲水は行雲流水・浮雲流水の略で、修行中の禅僧が良き師を求めて、自由に各地を訪ね歩く姿を、空に浮かぶ雲や水の流れに譬《たと》えたものです。

諸国を行脚《あんぎゃ》し、これはと思う良き師に出会えたならば、その師のもとで坐禅の修行に励みます。ちなみに坐禅は釈尊が菩提樹のもとで得られた「さとり」を追体験し、「空《くう》」を極めて、自ら開悟しようとするものです。

修行中の雲水にとって、江戸時代までは、しばしば野宿もありました。

あるとき、雲水が山中で日が暮れ、老婆が独りで住む一軒家に宿を頼みました。雲水が眠りかけた頃、老婆が雲水の寝息をうかがい、戸棚から何かを出して、行灯《あんどん》の影で、むしゃむしゃ美味しそうに食べ始めました。

薄目を開けて見ますと、老婆が食べているのは、なんと人間の腕です。それを見て雲水は、歯の根も合わずふるえ出し、布団を被り、一心に「空」を念じてみましたが、恐怖は一向に消えません。

恐ろしさで一睡も出来ず、夜明けを待って老婆の寝ているうちに起き出し、あわてて旅支度して、そっと戸棚を開けてみますと、そこには、唐もろこしの芯が一本隠してありました。

第13話　罪障消滅《ざいしょうしょうめつ》

お寺の法要に法話・説法は付きものです。法話・説法をしない僧侶はお布施のただ取り、宗教詐欺みたいなものです。

「法施《ほうせ》なき僧は、罪障《ざいしょう》無間《むけん》重積《じゅうせき》と知るべし」

が師僧の教示でした。

説法の最中に僧侶が屁を一発もらしました。すると僧侶は、

「これには、深いわけが有りまして、……師父より、一日に一度、人様の前で恥をかくのが、罪障消滅だと遺言されておりますので、お許し願いたい」

と、云うそばから、もう一発屁が出ました。僧侶は思わず、

「有り難い、是れで明日の分も済んだ」。

第14話　不用品

仏教に「少欲知足」思考があります。贅沢《ぜいたく》や無駄を省く、省エネ思考、俗的執著を少なくする修行方法の一つです。

小道具を集める趣味のある銀座の大店《おおだな》のご主人が亡くなりました。百ヵ日法要も済み、遺品の整理に忙しい未亡人は、店の男性従業員の一人を手伝いに呼びました。

婦人「もう主人の使わなくなった物は、みんな、あなたにあげますよ」
男衆「檀那が使わないものは、何でも頂けるんですか」
婦人「そうですよ、あなたなら何でもあげます」
男衆「あのー、それでは、あなたを頂きます」

第15話　往診

信心していても不養生や無理をすれば、誰でも病気になります。病気を何でも「病魔」などと、決めつけては、病気が腹を立てます。ある家のご婦人が、病院へ電話しました。

婦人「あのー、往診をお願いしたいのですが」

医者「ご病人はどんな様態ですか。食事は如何《いかが》ですか」

婦人「食事は全然いたしません」

医者「大小便は。言葉や息づいは」

婦人「おむつをしております。舌も回りませんし、無我夢中で、人の見境もございません」

医者「それは重症ですな、直ぐ入院した方が良いかもしれませんな。して、お年はお幾つですか」

婦人「はい、明日がお宮参りです」

第16話　食文化

仕事のため家族でアメリカに赴任し、最近帰国した方の話では、アメリカ流の食生活で、二十歳すぎの子供の身長が伸びたといいます。これは、成長ホルモンを混ぜた餌を与えられた、牛の肉を継続的に食べたことが原因だと言います。アメリカに性犯罪が多いのも、ホルモン漬けの肉に原因があるかもしれません。

仏教では「少欲知足」を教えます。食欲の管理は五欲の管理、五戒の初歩です。「食べ放題」などは、人間破戒、仏教破戒行為と言えます。

道教でも「医食同源」を教えます。過食や美食が人間破戒につながることを教えています。イスラム教でも一ヵ月の間、日の出前から日没まで飲食を絶つ「ラマダーン」の修行があります。

人間には食欲・性欲・睡眠欲の三大欲があります。なかでも食欲の管理は、自己管理につながり、人の上に立つ人にとって、重要な課題です。動物の肉体は食物からできています。食生活を変えれば、心も体も変わります。
ある夫婦のテレビを見ながらの会話です。

妻「最近あなたは、何を見ても聞いても感激しないわね」

夫「おれは冷静なんだ」

妻「何も感動しないのは、変だわ」

夫「おれは冷静なんだ」

妻「そうだわ、きっと食べ物のせいだわ」

夫「どうしてだ」

妻「だって、あなたは毎日一度、必ず担々麺《たんたんめん》をたべるからよ」

夫「淡々面《たんたんめん》か」

夫「そういえば、お前も最近随分色が黒くなったな」

妻「そうかしら」

夫「食べ物が悪いんだぞ」

妻「あら、なにが悪いのかしら」

夫「おまえ、昼はいつもクロワッサンだからだな」

第17話　乗馬訓練

人々が宗教を生活に取り入れるには、さまざまな理由があります。心身の病、経済苦、人間関係等々です。

総じて言えば、所願成就がほとんどです。そして、その中から、自己の人間性の向上を目指すご信者が生まれます。

日蓮聖人は、

「発心正しからずとも、正境に縁せば、功徳多し」

と、ご教示です。

動機もさることながら、聖教と言われる充実した教義の裏付け、正境と言われる信心の対象、盛強と言われる精進行等が重要な要因となります。盲目的な信仰では、気休め、気分転換にはなりますがほとんど錯覚で、時間の浪費です。

信仰は「良き師、善き法、好き檀那」の総合的行為です。

ある信者が、ダイエットを切望し、大学病院で診察して貰いました。診察の結果、医師から運動療法を進められ、さまざまな運動療法の中で、

「減量には乗馬が最適」

と、言われました。

そこで、信者は、さっそく乗馬クラブに入会し、乗馬訓練に取りかかりました。十日ほどすると、乗馬クラブの支配人から電話がありました

「有り難うございました。あなた様のお陰で、肥満だった馬が、十キロ減量に成功しました」

と。

第18話　亀とメカ

檀家さんが、お寺に中に何かが入った箱を持ってきました。

住職「どうしました」

檀家「今日はメカを見せにきました」

住職「ほうほうメカですか？」

檀家「先日、ペットショップで珍しい物をさがしていたんですよ」

店主「なにかお探しですか」

檀家「誰も飼ったことのないような、珍しい外国産の動物を探しているんですが」

店主「外国の動物ですか。近頃は、規制が厳しくなって、なかなか珍しい動物が輸入できないんですよ」

檀家「そういうもんですか」

店主「先日まで、中国産の小さな龍がいたんですが、死んでしまいました」
檀家「どうして死んだんですか」
店主「運動不足が原因です。何しろ龍ですから、雲に乗って空を飛びたがるので弱りました。私は、雲が呼べないもんですから、長い紐の付いたザルに入れて、時々振り回していたんですが、やはり、無理でした」
檀家「そうでしたか」

店主「これなんか、いかがですか。インドの亀です」
と、言って焦げ茶色の亀を見せました。
檀家「余り他の亀と変わりがないようですが」
店主「よーく、傍に寄って匂いを嗅いで見て下さい。カレーの匂いがしますよ」
檀家「他に何かありませんか」
店主「これはどうでしょう」
と、甲羅が黄色い亀のような生き物を出してきました。
檀家「これは、亀ですか」

店主「いいえメカです」

檀家「亀とどう違いますか」

店主「四本足は同じですが、日本の亀の頭のところに尻尾があり、尻尾のところに頭があります」

真夏・海・山・盆の風……

灯籠流し

第19話　早合点

僧侶の世界では、末寺の若僧は必ず、大寺に修行に出ます。自坊以外の他所寺での修行は、人間関係処理能力・実務処理能力・組織管理能力の学習になります。

ある大寺に修行に出た若僧は、有能で学習意欲もあるので住職や大黒さん（僧侶夫人）から大変気に入られました。

ある日、若僧は住職不在の時、大黒さんに、

「話しにくいのですが、私の心底をぜひお聞き願いたいのですが」

と言いました。

大黒さんは、直ぐに察して、顔を赤らめながら、

「まあ、急に改まってどうしたのですか」

と。若僧はさらに、

「もしお聞き入れ願えなければ、寺を出る覚悟でございます」

と言います。

相手があまり真剣なので、大黒さんも気を良くし、一度ぐらいなら、住職の居ないときにと思い、

「そんなに言うなら、いつか折を見て、あなたの願いをきいてあげましょう」

と答えました。若僧は、

「いいえ、今日は誰もおりませんから、今ここで……」

と言うと、大黒さんににじり寄り、耳元にささやきました。

「明日から、もっとご飯をたっぷりよそって下さい」

第20話　龍

龍は想像上の動物の一つです。古代インドでは「嵐と鰐《わに》と蛇と鹿と孔雀」を一つにして神格化しました。仏教では、仏教者守護の天龍八部衆の一つとされ、聖獣《せいじゅう》です。釈尊誕生のときには、頭上に甘露《かんろ》の雨を濯《そそ》いだといわれ、これが受戒の儀式の授職《じゅしょく》濯頂《かんじょう》の原形であり「釈尊誕生会」の甘茶《あまちゃ》を濯ぐ習慣の元になっています。

ある田舎の夏に、ひどい夕立があり、村はずれの草原に黒雲が渦を巻くと、見る間に雲のなかから見るも恐ろしい龍が落ちてきました。龍はあわてて雲に乗ろうとしましたが、雲が遠のいてしまい、天に還《かえ》ることができず、地上でうろうろしています。

やがて大勢の村人が怖いもの見たさに集まり、遠巻きにして眺めていましたが…。

村人A「龍は怖いと思っていたが、地に落ちた龍は他愛ねーでねーか」

村人B「顔は鰐みてえでねーか」
村人C「角は鹿みてーでねえかや」
村人D「髭は鯉に似てるでねーか」
村人E「体つきはまるで蛇でねーか」
村人F「手足はほせーし、鳥みてーでねーか」

などと勝手なことを言っています。

なかには、

「捕《つか》めーて、見せ物にすべーか」

などと、勇ましいことを言う者もおります。

わいわい騒いでいる中で、何人かが煙草を吸い始めました。その煙が龍の近くに流れていくと、龍は煙を雲と勘違いして、それに乗ろうとして思わず煙にむせて、

「ゴホンゴホン」

第21話　罰止め題目

日蓮教団では題目が正行《しょうぎょう》です。殊《こと》に新興教団では、題目大量功徳主義を提唱し、長時間、題目を唱え自己の欲望を満たす手段としています。

欲望や目的が達成出来なければ、

「題目が足らない」

の一言《ひとこと》で済むのですから、こんな安易な信者誘導法はありません。

題目の大量功徳主義は、題目不安神経症や題目脅迫神経症の患者を養成する手段にもなります。信者Aが、

「私は生活に追われ、あまり題目も唱える時間もなく、後生のことなど考える暇もありません。だから、ふっと来世はろくな所にいけないと思うことがあるんですよ。その点、あなたは何時も題目を唱え、歩くときも行進曲のようで、題目の途絶えることがないようですから、来世はきっと善いところに生まれることでしょうね。羨ましい限りです」

と言います。

するとと信者Bは、

「いや、とんでもない。幹部に言われたから唱えているだけで、これが習慣化し、毎日毎晩、唱えないと悪事が起こりそうで、恐ろしいんです。私だって来世のことなんか考える余裕はありませんよ。実はもううんざりなんですよ、疲れました。来世は題目を唱えなくても良い国に生まれたいですよ」

と。そして二人で、

「御本尊様、どうか宗教から救ってください」

と祈りました。

第22話　篤信者

私たちは一見信心堅固《けんご》のように見えても、人間の根本的欲望たる食欲・睡眠欲・性欲の克服は、なかなか難しいものです。これが煩悩です。煩悩は死んでもなくなりません。仏教では、煩悩克服手段の一つに少欲知足《しょうよくちそく》を明かしています。

当寺にも、たいへん親孝行な信者さんがおりまして、毎年父親の祥月命日を精進日と決め、その日はお寺へお参りして精進料理ですごしてきました。今年も夏の盛りの命日が近づきました。

そして精進日の前日に、友人から大好物の黒毛和牛の肉が届きました。

彼は、さっそく黒毛和牛の肉を仏壇にお供えして合掌し、お題目を三返唱え、

「お父さん、明日はお父さんの祥月命日です。今年も精進を致すつもりでおりましたところ、あいにく友人から、黒毛和牛の肉を頂いてしまいました。こんな陽気では、命

日過ぎまで置くと肉が傷んでしまいます」

と言ったあと、続けて、

「いかがでしょうか。今日食べてもよろしいでしょうか。もし、いけないとの思し召しならば、鈴をチーンと一回鳴らしてください。食べてもよろしければ鈴を鳴らすには及びません」

と手を合わせ、耳を澄ませましたが、仏壇の鐘は鳴りません。

故人「??」

第23話　鰻

日本人は江戸時代から、夏になると暑気払《しょきはら》いに鰻《うなぎ》を食べます。

川魚は冬の方が脂が乗って美味いのですが、誰かの差し金で鰻屋の販売促進に協力させられているようです。

あるお寺の檀家の主人が秋日和《あきびより》に川に釣りに行き、大きな鰻を釣り上げました。針を外し、鰻を魚籠《びく》に入れようとすると、ぬるりと手から頭を出します、あわてて反対の手で頭を押さえると、また頭を出します。左右の手で交互に鰻の頭を押さえている内に、次第に立ち上がり、背伸びし、足が地面から離れ、鰻に釣られて空高く登って行ってしまいました。

一方、檀家の家族は主人が釣りに行ったまま、何時まで待っても帰って来ないので、方々探し廻りましたが見つからず、川辺に残された釣り竿と魚籠を持ち帰り、

「川で溺れ死んだに違いない」

と思い、釣りに出かけた日を命日と定め、泣く泣く形見の着物で葬式を出しました。

それから一年、祥月命日に菩提寺の住職を迎え、法要を営み、読経・題目と続き、お題目が佳境《かきょう》に入ったころ、空から一枚の短冊が落ちてきました。未亡人がその短冊を拾ってみると、

「去年（こぞ）の今日、鰻と共に登りしが、今も止まらず登りつつあり、何時終わるかは、鰻に問うべし」


と、歌が一首認《したた》めてありました。

驚いた未亡人が何気なく短冊の裏を返して見ると、但し書きがありました。

「両手が使えず。代筆にて失礼致します」

第24話　大きな錯覚

日本は急激に少子高齢化の社会になりました。そうしたなかで、晩年を、

❶健康にすごしたいと、運動に励む方
❷心豊かにすごしたいと、趣味や勉学にいそしむ方
❸若いときにやり残したことを追いかける方
❹孫のために生まれてきたようにすごす方
❺遊びと食い気と色気を求め続ける方

などさまざまです。

欲望の追求に生きれば、所詮六道輪廻です。晩年は必ず心身に歪みを生じ、悩み苦しみます。人間の欲望は無限です。生涯を通して欲望の充足は不可能です。欲望をどこまで昇華《しょうか》できるかが、人間らしい晩年のすごし方です。

その鍵が菩薩道です。

どれだけ他人の喜びを我が喜びに出来るかです。

私たちは、「自他倶安、積善分福、利他己益」の人生を送ることを、心がけたいものです。


元実業家の老人で、中国文献に造詣《ぞうけい》の深い方がおりました。事業を息子に譲ってからは、趣味が昂《こう》じて仙術にこり始め、通力を得たいと、遂に山籠もりしてしまいました。持ち込んだ仙術の本を読みふけり、熊の乾き革を寝床として、木の根・木の実を食し、沢の水を飲み、すっかり「仙人生活」に没頭しました。

ちょうど一ヵ月がすぎたころ、旧友の一人が心配し、様子を見に山に分け入って来ました。仙人もどきの老人は友人の来訪をたいへん喜んで、蓮の葉の上に蓮の実を数粒載せ、竹筒で造った器に沢の水を汲み、山椒の葉を一枚入れて旧友をもてなしました。そして、

「思えば、お前さんと最後に逢ったのは、大分昔だったような気がするなー」

と感慨深げに語り始め、

「なにしろ、久しぶりだなー。お前さんも長命で目出度いことじゃ」

と言ったあと、

「ところで、わしの家は、もうあれから何代目になっているだろうか?」

と、尋ねた。旧友は唖然《あぜん》として声を失い、友人を見つめました。

第25話　昼お化け

霊、霊魂、幽霊、お化けなどは、仏教では肉体は微細化し、意識だけになった世界、仏身《ぶっしん》論でいう報身性《ほうじんせい》の一形態と見ます。

真宗系では霊魂は否定されます。

禅宗系では生きても死んでも「空《くう》」です。

密教や浄土教には追善の教義はありません。

天台法華と日蓮法華のみが救済の対象、追善の対象と見ます。

生きている時に自分が思うようにならなかった人が、死んでから他人に影響を及ぼす力を持つことなど不可能です。

お化けや幽霊は、追善供養の対象にすぎません。しかし、頼りにする人が追善供養を怠ると必死で縋《すが》り付いて来ます。驚いたり怖がったりせずに、追善供養することが肝要です。

男やもめが一人で昼飯の最中に、ふとお膳の前を見ると、色白の青ざめた顔の女が影のように座っていました。

男はびっくりして箸を止め、よくよく見ると、なんと数年前に死に分かれた女房ではありませんか。

男やもめ「お前じゃないか。どうして今ごろ化《ば》けて出たんだ」

女お化け「恋しくて、とうとう迷って来てしまいました」

男やもめ「お前は、相変わらず間抜けだな。幽霊なら夜出ればいいじゃないか。昼間じゃよく見えないぞ」

と、たしなめると、

女お化け「だって、夜はお化けが出そうで、怖いんですもの」

と、涙ぐんで答えました。

男やもめ「お化けがお化けを怖がってどうするんだ。夜来て朝まで泊まっていけばいいじゃないか」

と、云うと、

女お化け「じゃーそうします」

と、嬉しそうに消えてしまいました。

ところが翌日の昼、また出てきたのです。

男やもめ「どうしたんだ、夕べは待っていたのに」

女お化け「それが、お父さんが夜の外出は駄目だって」

男やもめ「???」

第26話　皿屋敷

日本の仏教各派は、それぞれの宗派独特の称名・題目を唱えます。権教《ごんきょう》の各派は、総《すべ》て阿弥陀・大日・釈尊等の仏名を称え、法華仏教だけが題目を唱えます。天台宗は朝題目・夕念仏です。

成仏した仏の名号を称え、何かを願うのか、それとも仏が仏に成った根本の教えを唱え、自分も成仏を願うのかの相違です。

江戸時代、青山播磨守《はりまのかみ》の屋敷（後の番町皿屋敷）では、毎晩侍女、菊の幽霊が出て、

「一枚、二枚、三枚」

と皿を数えます。困った主が僧侶を呼んで廻向供養をすることにしました。

最初に真言僧が呼ばれ、護摩《ごま》を焚き、呪文を称え「南無遍照金剛」と、幽霊退治の祈祷をしましたが、幽霊は護摩の灯りを頼りに皿を数えるだけです。真言僧は、

「皿を数えるだけで誰も困らせていないから、祈祷が効かない」

と、帰ってしまいました。

次に禅僧が呼ばれ、般若心経を読み「南無釈迦牟尼仏」、「喝《かつ》」と気合いを入れますと、幽霊は、

「勝ち負けじゃないの、一枚足らないの」

と、毎晩出てきます。

次に念仏僧が呼ばれ、「同発菩提心、往生安楽国」と廻向文を唱え、

「なんまいだー」

と始まると、幽霊は消えるどころか、

「何枚ですって、九枚しかないんです、一枚たらないんです」

と泣きながら返事をするだけです。

最後に法華僧が呼ばれ、お皿を一枚供えて題目を唱えますと、題目の光に照らされた皿を見つけた幽霊が、

「あら、ここに一枚あったわ」

と、にっこりして、お皿を持って消えてしまいました。

第27話　猫が「痛い」

夏でも肌寒い日があります。サマーセーターを出して着ようと思いましたが虫に喰われたのか、小さな穴が空いています。何とかその穴を繕《つくろ》おうと思案していると、庭に常連の野良猫が来ました。そこで野良猫を餌で手なずけ、柔らかな腹の毛を少々むしり、糊で丸めてセーターの穴を塞ぎました。ちょうどそのとき、友人が尋ねてきて一部始終を目撃していて、言いました。

「そんなことをすると、大変なことになるぞ」

と。そう言われると何だか心配になり、外出を止め、友人に一杯飲ませて、

「おい、何が大変なのか教えてくれよ」

と、大変のわけを尋ねますと。友人は、

「そりゃーたいへんさー、よし教えてやるか。あのなー、猫がなー、腹の毛をむしられたらなー、痛がるじゃないか」

第28話　酔わない理由

最近は芸能人ばかりか、一般人までもが麻薬中毒で、警察のお世話になります。麻薬は一度中毒にかかると死んでもやめられません。来世も習気《じっけ》は連続します。それが業《ごう》です。

江戸時代、品川の外れに鈴ヶ森という刑場がありました。そこには斬首刑にされた、罪人の首が晒《さら》されていました。その前を、屋台で酒の引き売りをしている男が通りかかりました。すると、

「おい、酒売り、酒売り」

と声がします。酒売りは、薄気味悪くなりながらも、

「はい、はい、どちら様ですか」

と、声をかけて辺りを見回しますと、晒し首が口をぱくぱくさせながら、

「こっちだ、こっちだ」

と、言っています。酒売りが、

「へい、なにか、ご用で」

と、ふるえながら尋ねますと、晒し首が、

「酒が一杯呑みてえー」

と野太い声で催促します。酒売りは、

「へい、すぐに」

とふるえながら、茶碗に酒を注いで、晒し首の口に注ぎ込みました。晒し首は、

「久しぶりだが、酒はいいなー、茶碗じゃなくて、一升徳利で呑ませろ」

と、目を怒《いか》らせて言います。

酒売りは恐ろしくなり、言いなりに一升徳利を晒し首の口にあてがい呑ませました。

一升の酒を呑み終わった晒し首は、

「もういい、幾ら呑んでも、体が無《ね》えと酔わねー」

と。

第29話　御礼

平成七年（一九九五）一月十七日に発生した阪神淡路大震災の時、神戸のヤクザの親分の息子が怪我をし、入院しました。ようやく息子が退院し、それを喜こんだ親分は、病院に御礼に行き、院長に言いました。

親分「このたびは、息子がいろいろお世話になりやした。あっしの身分では御礼らしい御礼も出来ませんが、もし患者で、薬代や入院代のことで、ごねる奴がおりましたら、あっしの名前を使って代金を取り立てて下せい」

院長「？？？」

親分「それでも代金を払わねえ奴がいましたら、一言お知らせ下さい。タップリ落とし前を付けて集金してめーりやす」

院長「？？？」

第30話　ボランティア

阪神淡路大震災の時、電気も消え、ガスも水道も出なくなりました。そんななかで、井戸水が出る家があり、ボランティアの青年が井戸水当番になりました。すると若い女性がバケツを持って来て言いました。

「水を分けて欲しいのですが」

「どうぞ、どうぞ、私が汲んであげましょう」

と、青年は一生懸命に水を汲み上げました。しばらくすると、

「私にも水を分けて貰いたいんじゃが」

と今度は老女が、バケツを持って現れ言いました。青年は、井戸をのぞき込んで、

「まだ、水があるかなー」

と言います。老女は、

「？？？」

第31話　関心事

私たちは誰でも、自分の今一番関心のある事柄に意識が向くものです。空腹時には、食べ物に目がいきます。咽が渇いていると、飲み物に目がいきます。あなたは、世の中が不安定だと、日蓮聖人のおことばの何処《どこ》が一番気になりますか?

寺を訪ねた友人が住職に、開口一番、

友人「ここに来る途中、凄い娘にあったぞ」

住職「どんな娘さんだい」

友人「それが凄いんだな、スケスケのミニのワンピースを着て、下着も着けていないみたいで、胸が弾けそうで、ウエストは細く、腰は大きく、足は長いんだ」

住職「どんな顔をしてたんだい」

友人「姿に見とれて、顔なんか見る閑はなかったよ」

住職「???」

第32話　カラオケ

天台大師は、『法華玄義《げんぎ》』に、

「声仏事を為す。此れを名づけて経と為す」

とご教示されました。一切衆生の言語音声が経です。仏教のお経の発声法が、言語や歌の文化の根源なのですが、最近の歌は、呼吸の基本「口出鼻入、短入長出」が乱れ、聞いている者が息苦しくなる歌が多いように感じます。

正確な読経唱題が身につくと、歌が上手になるばかりか、話し方も上手になり、脳の血液循環が良くなります。興味のある方は実践してみて下さい。

あるカラオケ好きのご主人が、友人の家でご馳走になり、ほろ酔い機嫌で家路につきました。もちろん好きな歌を歌いながらのご帰還です。家の前まで来ると、その声を聞きつけた奥さんが戸口まで出て、夫を迎えました。しかし、ご主人は唄いながら家の前

を通り過ぎて行きました。夫人は、

「あら、主人かと思ったけど、人違いかしら、似た声の人もいるもんだわ」

と、首を傾げながら家に入りました。すると間もなく、ご主人が帰宅しました。夫人は、

「たった今、あなたの声にそっくりな人が、歌を唄いながら家の前を通りすぎていったのよ」

と言いますと、ご主人は、

「それは、おれだよ」

と答えました。

「やだー、うそー。だけど、どうして家の前を通りすぎて行ったの?」

といぶかる夫人に対して、ご主人は軽やかに、

「そりゃ、お前、歌が余っちゃったからだよ」

と説明しました。夫人は思わず、

「?・?・?」

第33話　万病の薬

お布施を菓子折に乗せて出す「台付き」がお寺や住職への作法の伝統ですが、これは江戸時代から始まった様式だといわれています。

病気平癒で有名なお寺に、檀家が久しぶりに、お参りに来ました。住職が喜んで迎えます。

檀家「ご無沙汰しました」
住職「しばらく顔も見なかったが、どこか具合でも悪かったのかい」
檀家「はい、ちょっと風邪をこじらせて、床に伏せっていましたがようやく元気になったので、墓参りに来ました」
住職「それは結構」
檀家「それで、今日はお経を挙げて欲しいのですが」

と、言いながら菓子折を一つ出しました。それを見て、

住職「急に腹が痛み出した」

と、急に顔をしかめます。

檀家「それはいけませんな。ああ、そうそう」

と、懐からお布施の包みを出して、菓子折の上に乗せました。それを見ると、

住職「腹痛は、直ぐ治るから、心配ない」

と、にこにこしながら、袈裟衣に着替えるために奥に入りました。

檀家「さすがに、ここは万病平癒の寺だ」

第34話　嫉妬

「現世の罪は、必ず死後の裁きを受ける」

と、説くのが初期仏教です。美人女優が死後、閻魔様の前で裁きを受けます。閻魔大王は、

「生前お前は、多くの罪を犯してきた。本来なれば、直ぐに地獄にやるべきだが、その美貌と容姿を地獄にやるのは……」

と、しばらく思案し、地蔵菩薩に電話をしました、すると地蔵菩薩は、

「しばらくこちらで預かりましょう」

と、いうことになりました。

二三日すると、閻魔様から女優宛に重箱の見舞品が届きました。運んできたのは鬼の宅急便です。地蔵菩薩が蓋を開けてみると、「焼き餅」がぎっしり詰まっていました。

第35話　ナルシスト

「優しさ」と「意気地無し」は別なのですが、最近の若い男の中には、薄化粧までして六本木の街角で、女性から声をかけて貰うのを待っている者がいます。

飲み屋通いの自称イケメンが、いつもの店で、馴染みの女性を指名しましたが、他の客に愛想を振りまいていて、一向に席に来てくれません。代わりに別の女性が来ました。

男「あの子はどうして、来てくれないの」

女「彼女はあなたが好きだからすぐ来るわよ」

と、盛んに飲み食いします。

男「嘘だろう。他の客の席だろう」

女「とんでもないあなたに夢中だから直ぐ来るわよ」

と、また、盛んに飲み食いします。

男「そうかな？」

女「あなたのようなイケメンは他にいないわよ。他にもあなたに夢中になっている人がいますよ」

男「それは、だれだい？」

女「あなたに夢中なのは、……あなたでしょ」

仏教の世界でも自宗信仰に盲目的になり、真実に目を開こうとしない自己中心の人を見かけます。

第36話　放生会《ほうじょうえ》

太公望《たいこうぼう》とは、釣り人のシャレ言葉ですが、世の中には、魚類ばかりか人間を釣る人がいます。釣りの餌も本餌・疑似餌、金・人情・地位・名誉・利権など、さまざまです。「年金詐欺」「オレオレ詐欺」もその一種です。

人類は肉や魚を食して生きています。仏教では、五戒の中の殺生戒の懺悔滅罪の手立てに、生類を川や野山に放ち、放生会を行います。この時だけでも生類に感謝・報恩の心を廻らすのです。釣り人が川の畔で寒ブナ釣りに竿を並べていました。

右「最近は、川釣りばかりで、陸釣りはやらないのか」

左「まあな」

右「ずいぶん金を使って、もてた男が最近はどうしたんだ。あんなに貢いだ○○の女はどうしんだい。逃げられたのかい」

左「俺は仏教徒だから、独占はやめたんだ、放生供養だと思ってるよ」

第37話　烏骨鶏

お線香ビルの屋上庭園では、中国生まれの烏骨鶏を飼育し、毎日その卵を食べるのが住職の健康の糧になっています。今朝も、飼育担当は小僧です。

住職「毎日ご苦労さん」

と、声を掛けました。

小僧「あのー私は、烏骨鶏の餌になってしまうのでしょうか」

と、不安げに言います。

住職「なんじゃ？」

小僧「毎日餌を持って、檻に入ると、奴らに飛びかかられ、身体中を嘴《くちばし》で突つかれます」

住職「心配はいらん。お前は立派な人間じゃ。鳥の餌なんかではない」

と。小僧を励まします。

小僧「相手の身になって考えろと教えられましたので、餌をやるとき、必ずおーい餌が来たぞと言います」

住職「その言葉が原因じゃな。彼らは日本に来て、やっと覚えた言葉が餌なんじゃ。お前も餌の一部と思われたんじゃな」

それから三日ばかりのちに、また不安げに小僧が訴えます。

小僧「何も言わずに餌をやっても、奴らは襲ってきます」

住職「大丈夫心配するな、お前は烏骨鶏の餌ではない」

小僧「私は判りますが、問題は奴らが納得していないことです」

住職「では、毎朝習近平のお面を被り、俺を襲うと死刑だぞ言え」

第38話　商売繁盛

ある人が法華の寺にきて、大枚のお布施を包み、商売繁盛の祈祷を申し出ました。住職はさっそく、鬼子母神堂に案内し、祈祷を始め、やがて呪文に入り、

「アニ・マニ・マネ……」

と、すると薬王菩薩の声がして、

「私の役目ではない」

と。次に住職は、

「ザレ・マカザレ・ウキ・モキ……」

と。今度は勇施菩薩の声がして、

「私の役目ではない」

と。さらに住職は、

「アリ・ナリ・トナリ……」

と。今度は毘沙門天の声がして、

「私の役目ではない」

と。さらに住職は、

「アキヤネ・ギャネ・グリ……」

と。今度は持国天の声がして、

「私の役目ではない」

と。さらに住職は、

「イデイビ・イエイビ・イデイビ……」

と、すると鬼子母神の声がして、

「私の役目ではない。お前は私達に何をやらせるのか。私達の役目は、法華の行者守護じゃ。信心気も無い俗人の欲望を満足させる役目はない。仏教に商売繁盛の祈りなどない。お前は俗人を騙《だま》し、金を取るのか。地獄に行くのはお前だ」

「商売のことは、スーパーの社長をしているアリナリトナリノ叔父さんにでも聞け」

と。

天台宗の古老の言葉に「祈祷一代、罪障二代、験者の末路あわれなり」と。

第39話　雷さまの落としもの

江戸時代の初め、下町に突然落雷がありました。長屋の住人があわてて外に出てみると、雷が空へ駆け上がっていくところでした。その雷の後ろ姿を見ていると腰つきが色っぽいので、

「ありゃー女の雷だぞ」

「そうだ」

「ちげーねー」

と囃《はや》し立てました。一人の男がふと足下《あしもと》を見ると、変な箱が落ちています。

よく調べてみると、二重にしつらえた雷の弁当箱でした。おそるおそる箱の蓋を開けると、アサリの佃煮のようなものが入っていました。よくよく見れば、なんと、人間の臍《へそ》の佃煮《つくだに》でした。

それを見た長屋の連中は、

「雷らしいや」

「なるほど」

と感心し合いました。

「ところで、この下は、何がへーているのかな」

と一人が上の重ねを持ち上げようとすると、空から女性の雷の声で、

「お臍《へそ》の下は見ちゃ、イヤーン」

と。


太平洋戦争の終わるころまでは、雷が鳴ると子供たちは臍を押さえて蚊帳《かや》の中に逃げこんだものです。今では懐かしい思い出です。

第40話　夏の終わり

定年退職後、地元の老人会で幹事を務める活動家の檀家が二人尋ねてきました。

檀家「もう夏も終わりですね。今朝早く、庭の木で珍しく雌蝉の羽化《うか》(殻を抜け出す)を見ましてね、思わず携帯で写真を撮りました」

住職「あなたもまだまだ色気がありますな」

檀家「どうしてですか」

住職「その写真は雌《めす》の蝉でしょう、セミヌード」

するともう一人の檀家が、

檀家「最近、歳のせいで眼が悪くなって、細かい物が見えにくいんですよ。新聞も虫眼鏡ですわ」

住職「私も老眼鏡ですよ」

檀家「皆な同じようですな」

住職「でも老眼にも良い処がありますよ」
檀家「それは、なんですか」
住職「細かい物が見えないから、顔の皺も見えない、女性は皆な美人に見えますよ」
檀家「そういえば、そうですなー。家の女房が最近美人に見えるのはそのせいですな」
住職「もっと美人が見たいなら、雨の日に庭に出てご覧なさい」
檀家「どうなりますか」
住職「みんな雨にぬれてビジョビジョ（美女美女）」

蒼穹《そうきゅう》に雲流れて白い秋……

第41話　未亡人

人の死に際《ぎわ》にはさまざまな人生模様が顕在化します。通夜の法要を済ませ、控えの間でお茶を頂いていると、隣の部屋から何やら人の話し声が聞こえてきました。

未亡人は、

「私たちは結婚以来、一度も喧嘩もせず仲良く暮らしてきましたのに、こんなふうに死なれると、なんだか抜け殻になったような気持ちです。これから、誰を頼りに生きていこうか迷っています」

と、なよなよしている様子です。

故人の友人の一人が、

「ご存じの通り、故人とは子供の頃からの友達で、私もガッカリして魂が抜けたようです。ところで、物は相談ですが、奥さんもガッカリ、私もガッカリ、ガッカリ同士が夫婦になって故人の供養をしましょう」

と未亡人ににじり寄り、口説きました。

するとしばらくもじもじしていた未亡人が、思い切って言いました。

「まあ、お気持ちは大変嬉しいのですが、少々お話が遅すぎたようでございます。私は主人が患《わずら》って以来、約束した方が御座いますの」

第42話　祈祷の勝負

仏教では、

「修羅《しゅら》の炎は、我が身も焦がす」

と教えています。問題の本質を明らかにせずに、やたらに相手を嫉妬することは、老若男女を問わず、我が身を滅ぼすことになります。


ある不動産会社の社長が愛人を囲いました。それを知った正妻が愛人に嫉妬し、呪い殺そうと神通寺の祈祷師の所に毎日通いました。一方、愛人の方も正妻を亡《な》き者《もの》にして自分が正妻になろうと、毎日神通寺の祈祷師の所に通いました。

ところが、祈祷力の強さの故か、はたまた二人の執念の強さのゆえか、一ヵ月ほどすると、愛人も正妻も急病で死んでしまいました。

すると、その晩から二人が祈祷を頼んだ神通寺の門前で、毎晩火の玉が喧嘩を始めました。この騒ぎを知った不動産会社の社長と祈祷師は、必死に鎮魂《ちんこん》祈祷をしたところ、七日目の夜に二つの火の玉は、社長と祈祷師を焼き殺してしまいました。

そして、黒こげの死体の側に、一枚の短冊が遺されていました。

「美女二人食《くら》いし、男の末路《まつろ》とは、哀れ嫉妬の火焔《かえん》地獄ぞ」

と。

第43話　誤解

私の最初の師匠は、大日蓮宗の管長でした。四十代から創価学会と法論し、創価学会に対抗して活躍し、市会議員にまでなった傑物でした。しかもたいへん気さくな方でファンのような方々に囲まれておりました。

早くから奥さんを亡くし、私が出会ったころは、六十代半ばでしたが矍鑠《かくしゃく》とした方でした。

ある日、住職の控え室の方から、ご婦人の声で、

「ああ、いい気持ち、極楽・極楽、御前様《ごぜんさま》もっと奥の方をこすってな」

という声が聞こえてきました。

私はびっくりして、恐る恐る部屋をのぞいてみますと、御前様《ごぜんさま》がお手伝いのばあさんの衿首《えりくび》から孫の手を入れて、背中を掻《か》いてあげている最中でした。

第44話　欲と欲

人の欲は大きく、自分の欲は小さく見えるから不思議です。

関東人に取って、京都は文化都市・歴史都市です。歴史が古いだけに、「地獄の辻、閻魔堂、六道辻」などの地名が今でも残っています。その一つに清水《きよみず》の三年坂《さんねんざか》がありま す。大阪の信者が三年坂で転んだ年配の婦人を助け起こしました。

大阪人「奥さん大丈夫でっか」

京都人「ええ、ありがとさんどす」

ところが、如何《いか》にも悲しそうな顔をしていますので、

大阪人「何処《どこ》か痛く、おまへんか」

京都人「へえ、大丈夫どす。そやけどこの坂で一度転ぶと三年後に死ぬといいますよって、それが悲しいんどす」

大阪人「そうでっか。何か死ねんわけでもおますんか」

京都人「へえ、わてのー知り合いにお金を貸しておますねん。その人が十年の分割で返す言わはるんどすが、三年分だけ返してもろて死ぬんは、どうしても悔しいんどす」

大阪人「そうでっか。そな心配いりまへんで、転びついでに、もう五、六ぺん転びなはれ」

京都人「冗談きついお人やな。年寄りをからかうのも、いい加減にしーや」

大阪人「いいや、冗談ではおへん。あんさんのために言うとるんどす。一度転んで三年後に死ぬんやから、二度転べば六年後でっせ、十回転べば、三十年寿命が貰えるんでっせ」

京都人「そやな、えーこと聞いたわ、あんまり欲張ることおへんが、あと七回ほど転びまひょ、膝小僧ぐらい擦《す》りむいてもかまひまへん」

第45話　執念

南無妙法蓮華経は精進行《しょうじんぎょう》です。菩薩行は六度《ろくど》（六波羅蜜）の中でも忍辱《にんにく》と精進と智慧が肝要です。ところが人間は嫉妬深い生き物で、自分の能力や資質を還り見ることなく、他人の地位や名誉や財力や能力や資質を嫉妬し、妄想まで懐きます。その執念は死後までも自分を苦しめます。心の醜さ、四悪趣《しあくしゅ》が自分を苦しめるのです。

嫉妬深い男が死んで、あの世で鬼に連れられて閻魔大王の前に引き出されました。

閻魔「どうして、ここに来たか、わかるか」

亡者「朝女房と喧嘩《けんか》して、車で出かけた時、前から大きなトラックが来たのは覚えていますが、気がついたらここに来てました。もう一度娑婆《しゃば》に返して下さい。女房が浮気をしているようで、許せないんです」

閻魔「娑婆に還ってどうする。もうお前の体は無いんだぞ」

亡者「それなら幽霊になって、娑婆に還り、女房の浮気相手を見つけ脅かしてやりたいです」

閻魔「馬鹿を言うな。幽霊は美女と決まっておる。お前のような男が何を言うか」

閻魔大王は相手にしてくれません。

すると、そばで聞いていた鬼たちが気の毒がって、亡者のケツを突ついて、入れ知恵をしました。

「化け物になりたいと願え、化け物になりたいと」

第46話　酒

今は、日本全国何処《どこ》でも地酒が出回り、個人でも酒が自由に造れますが、数年前までは、酒は専売公社の許可がなければ造れませんでした。

酒は、仏教の五戒の中の一番に取り上げられるほど、人類とは古い付き合いです。幾ら禁酒を提唱しても、法律で規制しても止められないほど魅力があります。しかし、酒は魔の水、狂水《きちがいみず》です。必ず脳神経系か循環器系か消化器系の病に冒されます。仏教では体を法器といいます。法器を大切にし、死ぬまで元気ですごしましょう。

二人の若者が地酒を造ることにして、相談話を初めました。

A「誰かの造った酒を買って呑むばかりじゃ面白くないなー。どうだい、いっそ二人で酒を造ろうじゃないか」

B「そいつはいいや。そうしよう。ところで原料はどうするんだ」

Ａ「そうだなー。では、お前が米を調達してくれ。その代わり、俺は水を調達するから」

Ｂ「判った。ところで酒が出来たら、どう分けるんだ」

Ａ「お前は米を出すんだから、酒の粕を取り、俺は水を出すんだから、粕を絞った水を貰おう」

Ｂ「？？？」

第47話　介護

最近は福祉が声高に叫ばれていますが、真の福祉が充実しているとは言えないようです。なかには福祉を食い物にする業者が現れるほどです。

また福祉を盾に弱者が健常者を脅かしたり、福祉にぶら下がっている人も増えています。人間の社会は、制度だけでは決して幸せは得られないものです。精神性の質の向上が極めて重要です。

仏教は釈尊の時代から、貧者や弱者には慈悲をもって接し、共に苦しみや悲しみを分かち合う制度がありました。それが、現在の病院や、介護施設の始まりです。

友人「独りでは不自由だろうと思って、みんなで見舞いと手伝いに来たんだ。どうだい、具合は」

病人「ありがとう。三人で泊まりがけで来てくれたのか。持つべき者は友達だなー」

友人「薬でも、食事でも洗濯でも掃除でも買い物でも、何でも言ってくれ」

こうして昼間のうちは賑やかな病気見舞いとなり、夕方からは持ち込みの酒が回り、夜分には三人とも眠ってしまいました。

夜中に病人が目を覚まし、白湯《さゆ》が飲みたくなり、友人を起こしましたが、皆いびきをかいて寝込んでしまい、誰も起きてくれません。仕方なく病人はベットから起き出し、キッチンに行き、水を飲もうとしますと、友人の一人が目を覚まし、

友人「おい、俺にも一杯水をくれ」

病人「？？？」

第48話　鼠の戯言《たわごと》

法華仏教では、十界互具《ごぐ》を説きます。したがって動植物は人間の言葉は喋れませんが、人間の言葉や意思を理解します。また動植物は、動植物共通の意思疎通の手段を持っています。

田舎の旅館に泊まった時の話です。夜中に鼠の運動会で目を覚ましてしまいました。そこで、小さな声で猫の鳴き声を真似しますと、鼠は少し静かになりました。また、鼠が騒ぎ出したので大声で、

「ニャーオ」

と猫の声を真似ると静かになりました。天井裏では、屋敷鼠が数匹、端の方で静かにしています。そこに、どぶ鼠が登ってきて、

「おい、お前たち、今が活動時間だっていうのに、何で隅っこにまとまって、静かにしてんだ？」

と言いました。屋敷鼠は、

「しー、静かにしろ。下の部屋で猫の声色《こわいろ》を使う人間がいるんだ。面白いからお前も聞いててみろ」

といって、ニヤリと笑い、不敵に言いました。

「明るくなったら顔を見にいくつもりなんだ。きっと、耳がトンガっていて、ほっぺたにとがった髭が生えてるかもなー。くっくっくっ」

第49話　親孝行

最近は子殺しや親殺しが増え、親の遺体を放置したり、親の死を隠して年金を貰い続ける子供まで出現する有様です。これも戦後の教育の結果ですが、もう、親孝行という言葉は死語同然です。

日蓮聖人は『開目抄』の冒頭で、

「一切衆生に尊敬すべき者三あり、主《しゅ》・師《し》・親《しん》これなり。修学すべきもの三あり、儒・外・内これなり」

と、ご教示されています。仏教入門の教えでもある儒教で明かされる「孝」の概念は、①先祖祭祀、②現親孝行、③子孫繁栄の三種です。けっして現在の親への孝行だけが孝ではありません。親の遺体や遺骨の放置は、厳に慎むべき行為です。

親孝行の息子が酒好きの親の遺言で、徳利形の墓石を立て、毎月酒で墓石を浄めていました。ちょうど一周忌を迎えたので、近くの祈祷師に頼み、死後の父親の様子を見て貰いました。すると読経の途中で、祈祷師が倒れ、にわかに故人の父親の声が聞こえてきました。

父親「せがれ、よくぞ呼んでくれた、逢いたかったぞ」

息子「お父さん、近況は如何《いかが》ですか、遺言どおりの墓石も建て、毎月命日に酒で浄めています。さぞやご満足でしょう」

親父「ところがな、お前に頼んで徳利形の墓石を立ててもらったので、次には酒徳利に生まれ変わり、毎日、酒を飲んで暮らせると思ったんだが、なんの因果か、醤油徳利にされてしまったんじゃ、何とかならんかのー」

息子「では早速調べて見ましょう」

と、息子が寺に行き、よくよく墓石をみますと、誰のいたずらか、徳利の口に丸金《まるきん》（香川県小豆島の丸金醤油の、西日本を代表する醤油）と書いた醤油の蓋《ふた》がしてありました。

第50話　特効薬

最近の日本は、急激に少子・高齢化社会に進んでいます。高齢者介護の中で、厄介なのが認知症の介護です。当人の病状認識が低いのが最大の問題です。さらに、若年性の認知症まで流行《はや》り出し、話題を呼んでいます。

浪曲好きな男が、こうした社会現象に目を付け、金儲けを考えました。

「馬鹿を治す方法を編み出した」

と言い出したのです。すると、その噂を聞いた隣町の大地主から、

「息子の馬鹿を治して欲しい」

と、さっそくの依頼がきました。

男は紋付き袴に着替え、大粒の数珠を首に懸け、大地主の家にゆき、仏壇の前でなにやら怪しげなお経を唱え、家族の話を聞き、庭を一通り見て周り、おもむろに縁側に座

り込み、馬鹿息子を呼んで言いました。
男「君、庭の一番高い木に登れるかい」
息子「うん、登れるよ」
男「では、てっぺんまで登ってみてくれ」
息子「登ったぞー」
男「よーし、そこから飛び降りろ」
と。それを聞いた息子の父親が、あわてて言います。
父親「そんなことをしたら、息子は死んじゃうよ」
男「馬鹿は、死ななきゃ治らない」

第51話　年下の兄

人間は男女ともに、何歳になっても外見の若さを追い求める欲があります。外見の若さだけが魅力の根源なら、加齢は敗者の道、憤死の道です。しかし、人間には独特の歳相応の魅力があります。それに気づかないのです。

また、私たち僧侶にとって長寿は宝です。長生きした分だけ、仏道修行が出来るからです。

友人らしい二人連れの、居酒屋での会話です。

A「ところでお前の兄貴は、いま幾つだ」

B「そうよな。俺より五、六歳は若いな」

と。それを聞いた男は驚いて、相手の顔をのぞき込んで尋ねました。

A「えっ。お前の兄貴がお前より年下というのは、そりゃ変じゃないか。いったいどういうわけなんだ？」

B「いや。それが変じゃないんだ」

A「どうして？」

B「だってなー。俺の兄貴は、もう今年は歳はとらない、もう今年は歳はとらないと言い出してから、五、六年になるからな」

A「？？？」

第52話　偽札

　ある酒好きの男が、ふと、自分の財布に偽《にせ》一万円札が二枚あるのに気づきました。何処《どこ》で貰ったのか皆目見当が尽きません。警察に届けるといろいろ面倒だし、二万円が戻ってくるかどうか判りません。そこで、小雨の降る夕方、傘をさして隣町に行き、初めての飲み屋に入り、したたか呑んで、偽札で支払いを済ませ、逃げるように店を出ました。

　ところが、後から店の女性が、

「お客さん、お客さん」

と追いかけて来ます。酒好きの男は、ぎくりとしましたが、しらばっくれて、

「釣りはいいんだ、釣りはいいんだ」

と、逃げようとしますが、なおも追ってきて袖を掴み、言いました。

「お客さん、財布と傘、忘れてるわよ」

第53話　坊主頭

明治初年まで、出家の世界では肉食妻帯《にくじきさいたい》が禁止されていました。妻帯はすなわち破戒僧でした。しかし、浄土真宗のお坊さんだけは、宗祖の親鸞聖人の「非僧非俗」の自称以来、有髪で在家と同じ生活をしていました。

浄土真宗のお坊さんたちは、結婚も同衾《どうきん》もします。夫婦ですので、仲良しもいれば、仲悪しもおります。

あるお寺で、朝、起きない大黒さん（お寺の奥さんの異称）に業を煮やした住職が、寝込んでいる大黒さんの頭をすばやく坊主頭に剃ってしまいました。

本堂で勤行する住職の読経の声を聞いて、ようやく眼をさました大黒さんは、何気なく自分の頭を撫でて、

「あら、まだぐずぐずしていたの?」

第54話　未練

仏教では死後四十九日目までに、来世の行き先が決まると説き、善根のある人ほど早く行き先が決まるとも教えています。

突然恋人に死なれて気落ちしていた男が、在りし日の彼女からの手紙をしみじみ読むに付け、思いが募るばかりです。そこで、未練を断ち切ろうと、彼女からの手紙を全部集め、庭で燃し始めました。

すると思いが冥土に届いたのか、夕暮れの薄明かりの中に、彼女が現れたのです。男は嬉しさと懐かしさで、さっそく彼女の手を取り、寝室に連れて行こうとしました。そのとき、煙の中から突然赤鬼が現れ、

「彼女はまだ行き先が決まっていないんだ」

と、どこかへ連れて行ってしまいました。

第55話　ありがたい

人間の欲望は、最後は睡眠・食欲・性欲といいます。欲望を滅するのが権教《ごんきょう》（方便の教え）ですが、実教《じっきょう》（真実の教え）の法華仏教は欲望をコントロールします。しかし、祈るだけで、行学に精進しなければ、欲望に振り回されるだけです。

日蓮宗の信者が、仏壇の脇に憧れの女優の写真を飾り、毎日日蓮聖人の御影《みえい》（木像）と見比べながら読経唱題していました。ところが祈れば祈るほど、女優への思いが募る一方です。すると、ある晩、青年の夢枕に女優が現れ、

「あなたの思いを遂げさせてあげましょう」

と自分について来るように言います。青年は思わず、

「ありがたい」

と言いますと、そこに日蓮聖人が現れ、

「私より有り難いか」。

第56話　大蛇

平成二十五年（二〇一三）は巳年《みどし》です。十二支は江戸時代、子供に干支を覚えさせるために動物を当てたものです。本来は植物の一生を十二節に分けたもので、因みに、「子」は「芽」です。「鼠」は当て物です。

田舎に世話好きな執事のいる寺がありました。余計なことをするので住職がたびたび注意するのですが、いっこうに改まりません。

ある日、裏の物置に行く執事の後を付けていきますと、瓶の中の蛇を覗いていました。理由《わけ》を尋ねると、

「寺の近くの子供が蛇を虐《いじ》めていたので、貰い受けてきました、大蛇に育て、池の主にし、寺の参拝者を増やそうと思います」

と。執事の俗名は浦島次郎です。

第57話　体験談

法華経方便品に「引導衆生。令離諸著」と。「諸の執著を離捨するのではなく、諦かに観つめる」と、教えています。

あるお寺の掲示板に「金欠寺《きんけつじ》参拝希望者は、当寺で紹介状を出しますのでお申し出下さい。紹介状が無いとお参りできません」と。その脇に金欠寺参拝体験談が掲載されていました。金欠寺の山門のベルを押す。ブザーの音が三回「びんぼー」と、扉が開く。受付に紹介状を提出。紹介先の確認の後、本堂に案内される。

本堂中央を見ると、「ゲゲゲの鬼太郎」に登場する、ねずみ男にそっくりの像。疑り深い眼をして、こちらを見ている。左手に念珠を握り、右手の人差し指と親指で輪をつくり、こちらに延ばし、衣の袖が大きく開いている。

参拝者「御本尊は、どなたですか」

案内人「天上天下。唯我独尊様、通称、我欲仏様です。この袖にお布施を入れて下さい。ケチるとろくな事がないですよ」
袖の下に賄賂でも入れるように、お布施を入れると、袖口がふさがりました。
案内人「あとは、一生懸命、我欲仏様と眼を合わせて祈って下さい。いい加減に祈ると、両脇士に取り付かれますよ」
よく見ると、本尊の右脇に貧神、左に乏神と書いた名札を下げた邪気が、人なつこい顔をして、こちらを見ています。
参拝者「何と祈れば良いのですか」
案内人「どうか取り付かないで下さいと、祈るのです」
参拝者「どんな御利益がありますか」
案内人「今のあなたの苦境を乗り切る智慧が授かります」
参拝者「若し取り付かれたら、どうしたらいいですか」
案内人「一生懸命働いて、たくさんお布施を持って、厄落としに来るのです」
参拝者「そうすれば、助かりますか」
案内人「はい、我欲仏様の顔が見えなくなるまで祈るのです。我欲仏様の顔が見えるうちは、まだまだです。とにかく、我欲仏様の顔が見えなくなるまで祈るのです」

第58話　海外団参

仏教団参で、ある国へ旅行した時の話です。

飯店で昼食の終わる頃、民族衣装を着た女性店長が現れました。店長は、「皆さんは日本の特別な方々ですから、我が国政党の高級幹部だけがお参りを許される特別なお寺にご案内します」と。

到着したのは、朱塗り門のお寺で、中国唐代に建立されたらしく、石畳の本堂に入ると、中央に本尊仏が見えます。顔は垂れ幕が懸かっていてよく見えません。

日本人「何という仏様ですか」
案内人「ただぶつ様です」
日本人「何と言って祈るのですか」

案内人「ただぶつ・ただぶつです」
本尊の脇に赤い布の垂れ幕があり。金色の古代文字で何か書いていています。
日本人「あれは、何と書いてあるのですか」
案内人「自分の物は自分の物、人の物も自分の物です」
日本人「???」

本尊の左右に唐代の役人の姿をした像が立ち、目を見開き、首を左右に振り、何かを看視している様子です。
案内人「あの像と目を合わせないで下さい。帰国できなくなります」
日本人「???」
本尊の下部を見ると、木製の魚と龍が大きく口を開いています。彫刻が「登竜門」と読めます。
案内人「あの役人の目に止まらないように、願いごとを書いた紙と一緒に、お布施を魚の口に入れて下さい。しばらくすると、龍の口から今後のあなたの運勢を書いた紙が出てきます」

指示通りに紙とお布施を魚の口に入れ、龍の口から出た小さな紙を受け取り、恐る恐る開いてみると「帰国可」と書いてありました。

案内人「その紙を頭上に載せて、本堂を出るとき『ロン』と唱えて下さい。それで出口の扉が開きます」

ホテルに帰り、よく考えてみると本堂の中での祈りの言葉は、「ただ（唯）・ぶつ（物）・ろん（論）」だけでした。

第59話　疫病神

仏教経典の中には、善神・悪鬼魔神等、さまざまな神様が登場します。なかでも病魔対策が大変難義です。法華経以外の経典では、「病魔退散」「病魔克服」と祈りますが、これでは、次々に病魔が登場し、切りがありません。

法華仏教では、「病魔調伏」と祈ります。病魔と同居、共生するのです、悪さをしなければ、静かにしていてくれれば病魔も可です。しかも、他の病魔が入りにくい得点もあります。これは、法華仏教のワクチン思考です。

難病で入院中の夫に妻が寄り添っています。苦しい息の中から、

夫「お前は、私が部下の不始末で退職するとき、傍《そば》にいたな」

妻「ええ」

夫「その後、事業を起こし、一時は成功したが、取引業者に騙されて、会社が倒産し

た時も、傍にいたな」

妻「ええ」

夫「こうして難病で入院した今も、傍にいるな」

妻「ええ、あなた」

夫「お前は、私が苦境に立つ時、いつも傍に居る、……疫病神だ」

第60話　ウソップ物語

アフリカのジャングルでは、動物が安穏に暮らすためにジャングル大将を選挙で決めます。昨年はマント狒々《ひひ》の後任選挙で猪《いのしし》が選ばれました。しかし選挙の前に親切なハイエナの紹介で、大虎から選挙資金の提供を受けましたが、猪はそれを着服し、後に発覚、慌てて還しました。これが機縁となり、猪はジャングル大将を辞任しました。

それと同時に、大虎の子供が別の選挙での買収が発覚し、大虎はもちろん、小虎も娘虎も母虎もみんな白犬警察に逮捕されてしまいました。

続いて行われた猪の後任選挙に立候補したのは、弁護士の赤毛猿、発明名人の老猿、日和見《ひよりみ》の黒豹、真面目な空飛ぶゴリラ、時代錯誤の瘠せた老熊でした。

投票前日は、大雪に見舞われましたが結果は、黒豹が選ばれました。

買収選挙が原因で、家族がばらばらになった大虎は、山奥に帰りました。

「選挙は、もう懲りた（猛虎リターン）」

第61話　祈祷本尊

祈祷《きとう》を教団徳目とするのは、密教です。密教は大別すると、東密《とうみつ》（真言密教）と台密《たいみつ》（天台密教）です。東密系の祈祷本尊は鬼形異形《きけいいぎょう》が多く、天台系は人形《ひとがた》が多いようです。鬼子母神を例にすると、鬼形立像が東密、母系立像が台密、日蓮系は母系坐像です。ある朝、祈祷寺の住職が目を覚ますと、耳の中から声が聞こえます。

験者《げんじゃ》「お前は誰だ」

鬼神「我は十羅刹女《じゅうらせつにょ》の第八番・黒歯の夫なり。故ありて娑婆に下りしも、住処無し、小身なれば、今、お主の耳中を借りの住処とす」

験者「とんでもない。急にそんなことを言われても、鬼と同居は迷惑だ。余所《よそ》に行ってくれ」

鬼神「迷惑は掛けぬ、その代わり、お主の願いを叶えてやる」

験者「何でもか。金も女も地位も名誉もか」

鬼神「そうじゃ。手始めに女にもてる願いを叶えてやる」

と。すると験者は大乗り気。さっそく、二人で市中に出ました。すると向こうから小太りの中年女性が来ます。

鬼神「あの女を口説け、儂《わし》の言う通りしゃべれ」

と、験者は鬼神の口まねをして言います。

験者「あなたは大変魅力的ですね」

女性「あら、そんな、見知らぬ方に、おほほほ」

と。まんざらでもなさそうです。

験者「とてもふくよかで、太ったおかめみたいですね」

と。

女性「何よ、失礼な、このエロ坊主」

と、さっさと行ってしまいます。験者は鬼神に言います。

験者「お前の言う通りに言って、もてなかったではないか」

鬼神「ほら、そんなこと言ってる内に、向こうからあなたの好きな女性が来たぞ」

と。よく見ると、日頃から好意を寄せている近所の若奥さんが来ます。

鬼神「日頃の思いを伝えるんじゃ、儂《わし》の言う通り速く口説け」
験者「奥さん、私と馬車に乗りませんか」
夫人「あら験者《げんじゃ》さんと馬車ですか」
験者「そうです、その馬車はとても鈴の音が素敵なんですよ」
夫人「どんな、音色なんですか」
験者「それはですね、フリン・フリン・フリン」と。
夫人「私はそんな気はありません」
と、サッサと行ってしまいました。験者は鬼神に言いました。
験者「お前の言う通りして、また、もてなかったではないか。もう耳から出ていけ」
鬼神「これで祈祷本尊などと言って、鬼を祀るのは懲《こ》りただろう。鬼神に不信感がもてただろう」
と。耳から去って行きました。

第62話　どちらが本当？

大学教授の奥さんが葬儀の後に、お寺に個人的な話をしに来ました。

このご夫婦は、熱烈な恋愛結婚で結ばれた方で、ご主人はライバルだった大学の先輩を押しのけ、彼女とようやく結婚にこぎつけました。結婚後は、三人の子供を授かり、平和な家族に見えました。

ところが、長男・次男は学業優秀、学者の道に進みましたが、三男は、いたってのんき者で、学業もそこそこで、絵画や音楽活動が好きで、大学を卒業するとバンドマンになってしまいました。

父親は、その三男の生き方が不満で、三男は自分の子供ではないと思い込み、子供のころから三男をことごとに差別し、それが原因で夫婦に溝ができてしまいました。

やがてご主人が臨終を迎えました。枕元に奥さんを呼び、尋ねました。

「もう怒らないから本当のことを言って欲しい。三人の子供は本当に、私の子供なのか。三男だけは違うのではないか」

と。すると奥さんは、

「三男だけは間違いなくあなたの子供です。しかし、長男と次男はあなたの子供ではありません」

と言いました。

ご主人は間もなく心臓が止まりました。

生前あまりにもご主人が三男を差別したので、不憫《ふびん》に思った奥さんに最後に復讐されたのです。

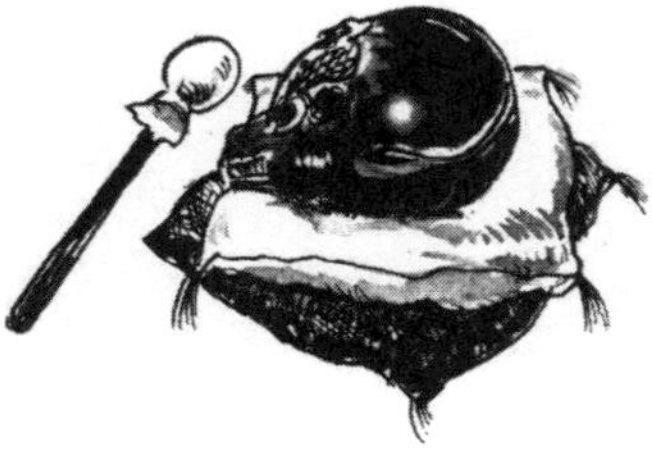

第63話　観音信仰

観音信仰は、幼児の死亡率が高かった奈良・平安時代から流行した信仰で、鎌倉・室町時代には、鬼子母神信仰が加わり、母親たちの中心的信仰対象になりました。

しかし、観音経をよく読むと、観音菩薩自体が釈迦・多宝如来に帰依することを奨励しています。観音信仰は、世俗に迎合した部分信仰と言えます。

お寺の法話会の後の雑談風景です。

A「観音さまは、男かね女かね」

B「インドの仏画・仏像では、豊満な女性だなー」

A「中国の仏画だと武将姿を見たけどなー」

A「そうだ、教学好きなEさんに聞いてみようよ」

E「男でも女でもないよ。信者の希望する姿で顕れ、仏教信者を守護するんだ。三十三身にも変身するから、観自在菩薩とも言うんだ」

B「それじゃー、ゴキブリと同じかい。ゴキブリは、全部雌か、全部雄の集団で生まれ、その中から何匹かが変身し、子孫を残すんだ」

A「それじゃー、観音さまはゴキブリと同じかい」

B「有り難いような、有り難くないような感じだなー」

E「浄土真宗の開祖の親鸞聖人は、『夢記』という書物で〝観音さまと一夜を伴《とも》にした〟と書いているよ」

A「ああそうか、それで真宗は妻帯肉食を許し、非俗非僧をいうんだな」

C「観音さまは男女両性自在かい。お釜みたいだな」

D「だから般若心経で、空でもない、色でもない、空でもあり、色でもあり、なんていうんかなー」

A「それじゃー信者が騒ぐはずだなー」

B「だから、般若心経の最後に、ギャーテー・ギャーテーと騒ぐんだよー」

一同納得？

第64話　足袋《たび》の話

仏教儀礼のなかで、白足袋は通例化しています。宮廷の神事の砌《みぎ》り、木靴（ポックリ）を履くため、現在の靴下状の足袋を用いたのがその始まりです。そして鎌倉時代頃から武家文化が流入し、今の足袋の形が仏教儀式にも用いられるようになりました。

お寺に出入りの足袋屋の辻本さんがお供の青木さんをつれて見えたので、皆で猥談《わいだん》です。

青木「お寺で履く足袋は、なぜ白いんですか。色足袋はだめですかねー」

辻本「仏教では釈尊の入滅に因《ちな》んで、白装束は臨終を現します。白足袋も臨終正念の覚悟の證《あか》しです」

B「色足袋は、なぜだめなんですかね」

辻本「色は世俗を現します、未練の色です、仏前には不向きです」

C「さすがTさんは、専門家、いろいろ知ってますなー、感心しました」

辻本「足袋のことならなんでも聞いて下さい」
D「来週、京都観光に行くんだけど、何色の足袋がいいかな」
E「そりゃ旅だから、草鞋色《わらじいろ》だな」
B「いや長旅だから地下足袋色だな」
C「今時《いまどき》、足袋は履かないだろう。靴だろうが」
D「辻本さんどう思いますか」
辻本「いろいろ聞かれても、私は足袋のことしか判りませんね。
でも内の会社の足袋を履くといいことがありますよ」
D「それはどうしてですか」
青木「内の会社は福生《ふくせい》です」

冬、来たりなば……

第65話　祈祷と貸家

インド仏教の歴史のなかで、最後に出来たのが密教教団です。彼らの特長の一つに加《か》持《じ》・祈祷《きとう》があります。密教は中国に渡ると中国古来の道教と習合《しゅうごう》（教理を調和すること）し、中国独特の祈祷法を編み出しました。

これが弘法大師空海によって日本にもたらされ、そののち、天台宗や真言宗、山岳宗教の僧侶や山伏などが日蓮法華宗に改宗するにしたがい、日蓮教団にも加持・祈祷が流入し、日蓮聖人ご在世にはなかった「日蓮密教」などと呼ばれる独特な様式が生まれました。その修行の中心が日蓮宗大本山中山法華経寺や遠寿院《おんじゅいん》で、毎年寒中に一〇〇日間の荒行が行われ、祈祷師が誕生します。

日蓮宗の信者が年の暮れに金策《きんさく》に困り、思案の果てに祈祷師の所に行き、「今年の暮れは、どうしても金の工面《くめん》がつきません。なんとか借金取りが来ないご祈祷をお願いします」

と、頼みました。

祈祷師は、

「承知した」

といい、声を張り上げて木剣《ぼっけん》を振り、祈祷経を読み、お題目を唱え、

「怨敵退散《おんてきたいさん》」

と数回唱え、九字《くじ》を切り、

「この御札《おふだ》を門口《かどぐち》に貼っておきなさい」

と、守護札をくれました。信者はありがたく御札をいただき、家に帰って開けてみると、なかに「貸屋《かしや》」と書いてありました。

第66話　湯豆腐と「湯船の豆腐」

お寺には参拝客以外の方も見えます。なかには愚痴をこぼしに来る人もいます。こういう方々に対応するのも住職の役目の一つです。

檀家「お上人《しょうにん》、聴いて下さいよ」

住職「はい」

檀家「昨日の朝食のとき、夕食は何がよいかと、女房に聞かれたので、湯豆腐が食べたい、と言ったんですよ」

住職「ふーん」

檀家「湯豆腐を楽しみに帰ってきたら。晩飯は何とカレーですよ。腹が立って、怒鳴ちゃったんですよ」

住職「それで」

檀家「すると、女房はふくれて口もきかないんです。しばらくしてから風呂に入ろう

として風呂場に行き、湯気をすかして見ると、湯船の中に何か白い物が入って
いるんですよ」

住職「白い物？」

檀家「そこで、私は大声で、何だこれは、と怒鳴ったんです」

住職「ふーん」

檀家「すると、女房が、それがあなたの好きな湯豆腐ですよ、と言うので、湯気をかき分けて、よく見ると、なんと、湯船に豆腐が一丁入っていたんです」

住職「………」

第67話　臨終の装束

日蓮聖人のご教示に、

「臨終《りんじゅう》の事を習うて後に他事を習うべし」（妙法尼御前御返事）

とあります。法華の臨終正念《しょうねん》です。しかし、生前から臨終を意識することはなかなか難しいものです。

檀家「こんにちは総代さん、ご無沙汰しています」

総代「よく来たね、お上がりなさい。私も今では仕事を息子に譲り、隠居の身でね。少しは、お祖師様のお役に立ちたいと思い、いろいろお寺でお上人のお手伝いをさせて貰っているんですよ。それでね、何時お迎えが来ても良いように、生前戒名もいただき、石塔も建てましてね。まあ見てください」

と、言って奥から取り出してきたのが経帷子《きょうかたびら》、頭陀袋《ずだぶくろ》などの死装束です。

檀家「これはまた、随分と手回しの良いことですね」

総代「そりゃそうですよ。この歳になると。何時お迎えが来るか判らないですからね。でもね、あなたとは親の代からのお付き合いだから、急に要るようなことがあったら、何時でも貸してあげますよ」

檀家「??」

第68話　大黒さん

天台宗・禅宗・日蓮宗などには、大黒天を祀るお寺や在家があります。特に商家では店先に祀ったりしています。

ある商家で親戚から金《きん》の大黒天をいただきました。主人は大変喜んで神棚に祀り、御神酒《おみき》やお赤飯《せきはん》を供え、来福《らいふく》を祈りました。

やがて、家人が寝静まった夜中、神棚では今まで祀ってあった、どす黒くなった大黒天と金ぴかの大黒天が喧嘩を始めました。

ドス黒「俺は伝教大師以来の三面大黒だ。どこで開眼供養を受けたか知らないが、俺のとなりに陣取って、いい気になるな」

金ぴか「俺は浅草の仏具屋で生まれた江戸っ子の一面大黒だ。喧嘩ならいつでも買ってやる」

と、もろ肌を脱いだ途端にメッキが剥《は》げて、赤銅色《しゃくどういろ》になってしまいました。

第69話　還暦

人間の欲は、信心をしても、年を取っても、なかなかコントロールが難しいものです。釈尊は「少欲知足」と教えています。「欲」の難しさは、自分では少欲のつもりが相手から見ると大欲だったりする点です。

あるお寺の講中の講元が、ちょうど十二月で還暦を迎えることになりました。講中の人たちが、

「何かお祝いをしよう」

と相談し、年の干支に倣《なら》い、小さい純金の鼠を贈ることにしました。

講中「講元さんには何時もお世話になっています」

講元「いやいや、たいしたことではありません、みんな御祖師様のお手伝いをさせていただいているだけですよ」

講中「十二月で講元さんが還暦を迎えるとお聞きしましたので、皆でささやかな贈物をしたいと思い、持参いたしました。どうかお受け取り下さい」

と、純金の鼠を出しました。これを見た講元は大変喜んで、酒席を設けて皆を歓待しました。そして、宴もたけなわのころ。

講元「時に、来年は家内が還暦を迎えるんじゃ」

講中「それはまた、二年続けておめでとう御座います。して、来年と申しますと、お年は」

講元「うん、私より一つ年下だから、丑年じゃ」

講中「ううう……」

第70話　どんな仏縁

世情不安になると、宗派を問わず加持・祈祷を生業《せいぎょう》にするお寺や集団が流行《はや》ります。欲望を満足させるのが宗教だと思う人が多いからです。

真実に至る前の方便の教えでは「欲望を捨て、断ち切る」ために修行しますが、真実の教えを説く法華仏教は「欲望をどう管理し、菩提の種とするか」を実践する宗教です。したがって、スーパーマンの力で欲望を満足させる、加持・祈祷の文言《もんごん》は法華経には一言もないのです。

祈祷に関する御書の名称も総て後代の命名ですし、その内容も加持・祈祷より、法華の正統な信心を奨励したものです。急激に世情不安定な時代が到来しました。安易な加持・祈祷に惑わされないように心がけましょう。

近くのお寺の祈祷師はたいへんな二枚目です。このごろ、三十代の未亡人が娘を連れて、たびたびお参りに行きますが、いつも娘を本堂に置いて、一人で住職の部屋に行き、なかなか出てこないのです。

そこで、ある時、上気した顔で住職の部屋からでてきた母親に、娘さんが、

「いつまでも待つのはイヤだわ、今度から私も、お上人の所に行きたいわ」

と、言いました。すると母親は、あわてて

「とんでもない、お前はまだ子供だから、いいんだよ。私はもう先がないから、お上人に御願いして、今から仏縁を結んで頂いているんですよ」

と。娘は、

「？？？」

第71話　いきみ念仏

浄土宗や浄土真宗では、阿弥陀経の第十九願を重視し、「臨終のときに阿弥陀仏が五《ご》色《しき》の雲に乗り、二十五菩薩を従え、臨終者を迎えに来る阿弥陀来迎《らいごう》、来迎《らいごう》引接」を説きます。

この時に称える念仏が臨終正念です。臨終の枕辺に立ち会った僧侶が、ときどき、

「見えますか」

と尋ねます。臨終者は最初は首を横に振ります。しかしそのうち、意識がなくなって首を振らなくなります。それを見て一同が、

「阿弥陀仏が迎えに来た」

と勝手に解釈します。これが浄土教の臨終行儀《ぎょうぎ》、枕経《まくらぎょう》です。

法華仏教では臨終に際して読経・唱題をして、これを「臨終経」、「臨終題目」などと呼び、臨終行儀とします。これが通夜の原形です。したがって法華仏教での臨終正念は、

臨終題目に相当します。当人が唱えるだけでなく、臨終者に題目を聞かせることが肝要です。

戦後まだお産婆《さんば》さんがいたころの話です。ある長屋でお産があり、嫁さんの母親や姉が応援に来て、産婦に「うんうん、うんうん」といきむよう、一緒に声をかけていました。

一方、隣の家では、おばあさんが臨終を迎えていました。その枕辺では、寺の住職が「阿弥陀様がお浄土からお迎えに来るからね」、「それ、なんまいだー、それ、なんまいだー」と、当人に念仏を称えさせていました。

ところが薄壁の向こうから、「うんうん、うんうん」といきむ声が聞こえてきます。住職はいつしか念仏といきみを取り違え、「それうんうんじゃー、それうんうんと」と言ってしまいました。可愛そうなのは臨終のおばあさんです。「うんうん」といきみながら、息が詰まって死んでしまいました。

念仏には、聞法得道、聞法成仏の教えがないのです。

第72話　見栄坊《みえぼう》

世の中には、見栄《みえ》っ張りや自慢家は結構多いものです。

檀信徒のなかにも、材質の高価な念珠を自慢したり、題目をたくさん唱えることを自慢したり、御妙判《ごみょうはん》を多く読むことを自慢する人などがおります。こういう自慢家・見栄坊は、ほかのことでも自慢や見栄を張りたがるものです。いわば、精神的餓鬼状態に陥っているのです。

近所で有名な見栄坊《みえぼう》の家で法話会がありました。会合も終わり、お茶菓子を挟んでしばらく懇談中のことでした。見栄坊の家の主人が、思わず大きな音の「おなら」をもらしました。すると主人は、

「なんだ、お前はお客様の前で行儀が悪い。少しは慎みなさい」

と、傍《そば》にいた息子のせいにしました。

ところが、その家の息子はなかなか利口者で、少しもあわてず、

「だけど、お父さん、音の出るおならをする人は、丈夫で長生きすると言いますよ。お客さまには失礼ですが、本当に有り難いことです。これも、日頃の信心のおかげですね」

と。すると、父親は、

「そうかい、実は今の音は私だよ」

と見栄を張りました。親子のやりとりを見て、一同は、

「？？？」

心理学者に云わせると、見栄や自慢は、寂しさの顕在化、嫉妬の変形ともいいます。精神的餓鬼界です。正確な勤行で「曼荼羅体内流入、仏・菩薩・諸尊と同坐」の境地が体得できれば、寂しさは軽減できるはずです。

第73話　あんか

「願いとして叶《かな》わざる無し」

と、欲望をそそって信者を増やす教団には、欲望が満たされず信心に不満を懐く人が増えます。その結果、

❶幹部やお寺に説得され信心を続けるか

❷別な教団に入るか

❸信心そのものを止めてしまうか

ということになります。

富士山の裾野の赤い門のある大寺に、年配の信者夫婦が相談に来ました。

信者「私たちは、もう後期高齢者です。夜、体が冷えてなかなか寝付けないのです。題目を唱えると、願いが叶うと言いますが？」

住職「お題目を唱えれば、願いが叶います。体が冷えて寝付けないと言われるが、信心が弱いから生命力が涌かないのです。題目をたくさん唱えることです」

信者「題目をたくさん唱えれば、大丈夫ですか」

住職「大丈夫です。もし不安なら電気あんかを抱いて寝ることです」

老夫婦は、その晩から電気あんかを抱いて寝ました。二、三日すると床の中から、じいさんの嬉しそうな声が聞こえました。

「この年になると、一日中お前を抱いて、体を温めてもらうのが一番の幸せじゃ。今ではお前は、ばあさんより可愛い女房じゃ」

と。これを聞いたばあさんは、

「まあじいさんは、何と憎らしいことを言う。電気あんかを買ってからは、私を粗末にするようになった。どうしてくれようか」

と呟きながら、いろいろ思案し、じいさんの留守に電気あんかを引き出し、

「この憎らしいあんかめ、よくもじいさんを寝取りやがったな。私の目の黒いうちは、お前の思い通りにさせるもんか」

と、あんかを庭の池に投げ込みました。するとあんかが、

「ジジジジイイ」

と言ったので、いよいよ腹を立て、

「なんと、まだ、じじいと言うか」

と、あんかを池から引きずり出して、石に叩き付け、その足でお寺に出掛けて、

「やい住職、いくら題目を唱えても、家庭不和の種を蒔くような信心なんか、インチキじゃ、もうやめてやる」

とわめいて、数珠と経本と曼荼羅を投げ捨てていきました。

第74話　飲兵衛《のんべえ》

欲望は人間の本能です。これをどうコントロールするかが仏教の課題です。その本能を滅するのが小乗仏教の戒律で、最も基本的な戒律が五戒です。しかし、戒律で欲望を抑圧しても、人間の本質は変わりません。

だから五戒は、釈尊の誤解だとも言われます。これを解決したのが法華仏教の煩悩即《ぼんのうそく》菩提《ぼだい》です。しかし、日蓮聖人は、五戒は妙法蓮華経の五字だと教えています。何処まで五戒を守るかが、現代人の課題のようです。

冬の寒い日、会合に出かけたご主人が、夜中になっても帰宅しません。心配した奥さんが、息子にご主人を捜しに行かせました。すると、家の近くの水の溜まった溝の中にはまり、酒の臭いをぷんぷんさせて、高いびきで寝ていました。

息子は、助け起こそうとしますが、水が凍りついて洋服が絡《から》まり、引き出せません。

そこで家にとってかえして、金槌を持ってきて、氷を割り始めました。すると、ご主人が、寝ぼけ声で、

「誰だ。この夜更けに戸を叩く奴は」

酒は飲んでも、呑まれない加減が難しいようです。

第75話　イケメン

最近の若者男子は、化粧品を頭・顔・体にぬたくり、口紅を塗り、眉毛の下を剃り、ピアスを付け、髪を染め、まるで女性のようです。

仲間や女性に容姿を褒められることを意識し、天下国家のことなど眼中にないように見えます。

大集経《だいじっきょう》（大乗経典の一つ。空の教えに加えて、密教的要素が濃い）では、「男性が女性化するのは、亡国の前兆」と明かしています。日本の総理大臣は、ロシア・中国・朝鮮に国益を侵害されても何も発言しません。まさに亡国の前兆です。

金の無い若者が五、六人、友人のアパートに集まりました。初めはわいわい騒いでいましたが、そのうち、持ち寄った飲み物も、お茶菓子もなくなり、時間も大分経ちました。

A「話ばかりじゃ面白くないな、腹が減ったな」

B「ラーメンでも取ろうじゃないか」

一同「そうしよう、そうしよう」

C「ところで、このなかで一番イケメンが、みんなにおごることにしたら」

すると、一人が頭を抱えて言いました。

D「そりゃあ迷惑だ、割り勘にしてくれ」

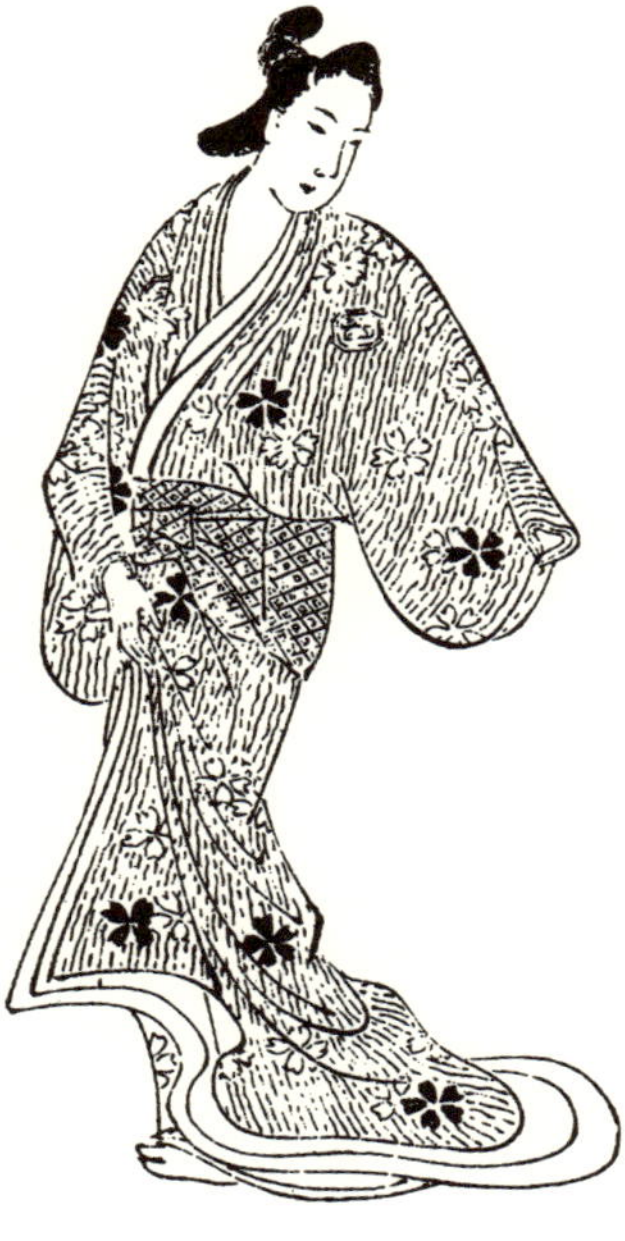

第76話　職人言葉

現在は義務教育が一般化し、テレビやラジオが普及しましたので、日本人全般に言葉の差があまりありません。しかし戦前は、男女はもちろん職業や身分によって、用いる言葉の差がずいぶんとありました。文化とは衣食住・言語・宗教などの総称です。その文化の違いが言葉の違いともいえます。

最近はＴＶの影響が大きく、その結果、言語の男女差が少なくなり、下町の職人家族出身の芸人の影響で、ずいぶん乱暴な職人言葉が若者の間で流布しています。

法華仏教は言語を大切にします。天台大師の金言に「声仏事を為す」とあります。言語は大切にしたいものです。

ガテン系（主に土木、建築関係）の職人の母親がガンで入院し、明日をも知れぬというのを聞いて、友人の職人が見舞いに来ました。

友人の職人「どうでー、お袋さん、飯は食えるかい」

友人の母親「いいえ、食事どころか、水も飲めない有様で、今度ばかりはダメなようです。早くお迎えが来ればいいと、待っているんです」

友人の職人「なんでぃ、お袋さん、気のよぇえ。たかがガテンのお袋じゃあねえですか、お迎えの何のと、言ってちゃあ、世間様に笑われますぜ、そんなごたくを、つかねえで、行くところがあるなら、さっさといっちまうこってす」

友人の母親「？・？・？」

第77話　読経

数息観《すそくかん》に適《かな》い、音律の良いお経は、読む人も聞く人も、心身に好影響をもたらします。

しかし、数息観に適った読経ができるようになるまでには、かなりの時間が必要です。

僧侶にとっては、若い時から、良い師匠に就いて、読経・唱題を実践することが、極めて大切です。

最近の研究で、読経や唱題の心身えの影響は、経典の内容よりも、音律や呼吸法の方が影響が大きいことが解ってきています。


本山で修行中の僧侶が、小学校に通う貫首の孫に、読経を教えることになりました。

ところが、貫首の孫は、一向に読経に興味がありません。修行僧は困り、悩んだ結果、ある方法を思いつきました。
❶少々速く読む長行は、小声で「てんだいだいし・でんぎょうだいし」と繰り返す。

❷ゆっくり読む五字偈は、小声で「いーにーさーんしーごー」と息を吐ききる。
❸お題目は、皆に合わせる。でした。
三日ほどしますと、修行僧は、貫首から「孫が読経が上手くなったと」喜ばれました。

更に三日後、「お前はなにを教えたのか」と、叱られました。

その原因は、読経が上手くなったと褒められた貫首の孫が「小声でやれ」と教えたのを忘れ、勤行の時、末席に居たにもかかわらず、大声を出して、「てんだいだいし、でんぎょうだいし」「いーにーさーんしーごー」をやってしまったからです。

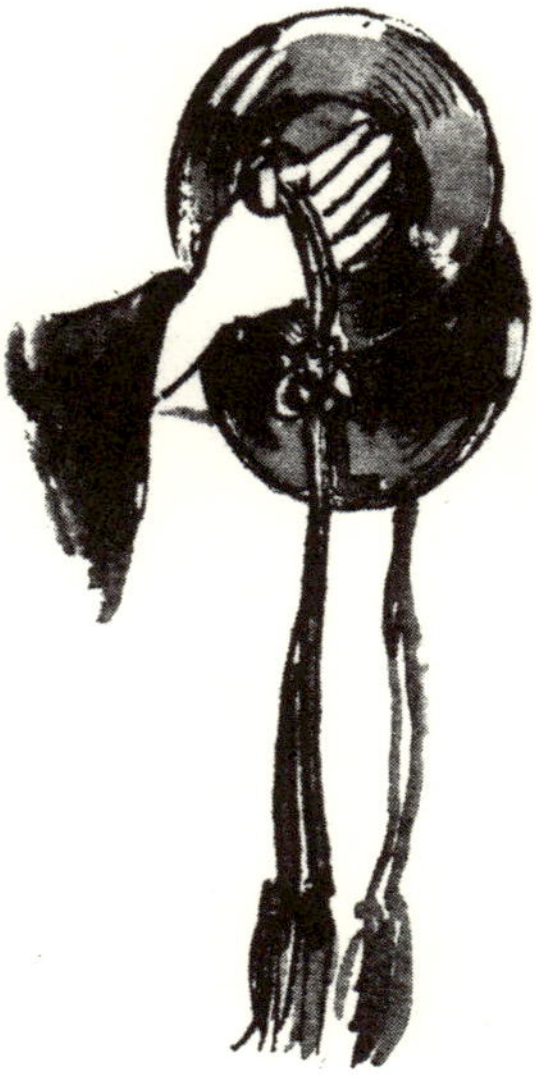

第78話　漢文

仏教漢文は各宗派の依経・経典が基本になります。訓読経典を読んでいると仏意を誤読することがあります。読経は修行です。韻を踏んだ読経が脳にα《アルファー》波をもたらし、身心に良い影響を与えます。訓読ではβ《ベータ》波が出て効果がありません。

中学の漢文の時間です。

先生「師《し》のたまわく、九思一言と」

生徒「師のたまわく、九思一言と」

先生がよそ見をしている生徒を見つけ、

「君、今の所を読みなさい」。

すると件《くだん》の生徒は、慌てて教科書を持って立ち上がり、教科書で自分の顔をかくすようにしながら、生徒「人魂云《ひとだまいわ》く、夜はふわふわ飛んで出る」
先生「それからどうした」
生徒「わたしゃ、迷っているんだよ」
先生「君の教科書にはそう書いてあるのか」
生徒「はい。父から教わりました」
先生「君のお父さんは何やってんの」
生徒「はい、お寺の住職です」

第79話　師弟不二《していふに》

「師弟不二」の語を多用する教団があります。弟子が言うと「師と自分が同格」という意味になります。ある寺で住職が弟子たちを教導して、

「私に忠実に振る舞うのは、真の弟子ではない。師の私が求めるものを求め、師の見つめる方に進むのが真の弟子である」

と。それから間もなく、一人の弟子が毎晩外出し、朝帰りします。師匠が不信に思い、別室に呼び、

師「お前は、毎晩何処へ行くんじゃ」

弟子「はい、師匠の求めるもの、見つめるものを求め、それが、なかなか見つからず。師匠のご苦労がよくわかるようになりました」

師「なんじゃ、それは」

弟子「はい、師匠が見とれるような美女です」

第80話　漢字の分解

仏教教団では、教団の大小を問わず。僧階の辞令を発行します。僧階規定は、教団によりますが、辞令は共通です。

あだ名を付けるのが上手な本山の貫首がおりました。認証式ののち、貫首の知り合いの僧侶に、ようやく弟子にしてもらった途中出家の新人僧侶に声をかけました。

貫首「辞令を貰ったかのう。どんな僧階じゃな」

新僧「はい。叙準講師です」

貫首「そうか。それでは、私は君に院号をあげよう。門立院日僧《もんりゅういんにちぞう》じゃ」

新僧「有り難うございます」

すると傍《かたわら》にいた執事が貫首の顔を見ながら、

「彼もまだまだですね」

と。「門立院日僧」とは、「闇僧」の漢字の分解語です。

第81話　長周期震動

南海トラフ沿いにマグチュード9級の地震が起きると、大阪や東京の高層ビルまで「長周期震動」で揺れると言われています。

新宿に外壁が緑色の「お線香ビル」と呼ばれる細長い高層ビルがあります。実はこのビルはお寺です。近代建築技術の粋を集めた免震構造のビルです。つまり、倒壊しないが揺れるビルです。

「揺れるが壊れないから安心だ」

と言われた所化《しょけ》（寺で修行中の僧）さんの部屋から毎晩「シーシー」と声が聞こえます、こっそり部屋を覗いて見ると、足の短いテーブルの上に乗り、横に構え、膝を緩め、手を広げ、前方を見つめ「シー、シー」と声をかけ、何やら膝と腰で調子をとっています。

この話を聞いた住職が所化に、

住職「お前は毎晩何をしているんじゃ」

所化「はい、地震対策の練習です」

住職「それが、何故テーブルの上でシーシーなんじゃ」

所化「地震でこのビルが左右に揺れると室内の物がくずれ、床を波のように滑ります。その波に飲み込まれず、生き残るためにテーブルに乗ってサーフィンの練習をしています」

住職「それで、もし窓の外に投げ出されたらどうするんじゃ」

所化「そのことを考えて、今日、大風呂敷を買いました。今夜からハンググライダーの練習もします」

住職「そんな妙なことをして、生き残れると思うのか」

所化「お師匠様、その妙が大切なんです。妙とは蘇生の義ですから」

第82話　ドアチャイム

お線香ビルのお寺の話です。

小僧「毎日、セールスが来るのは、修行の妨げです。少々考えたことがあります」

師僧「なんじゃ」

小僧「ドアにチャイムを付けて下さい」

師僧「今有るのでは駄目かのー」

小僧「あれでは駄目です」

師僧「どうしてじゃ」

小僧「音に問題があります」

師僧「どうすれば良いんじゃ」

小僧「押したら、ビンボーと鳴るようにすれば、セールスマンは皆帰ります」

師僧「外人が来たらどうするんじゃ」

小僧「その時は、私が出て簡単な英語で布教します」

師僧「何と言うんじゃ」

小僧「ウエルカム。ノーアーメン、ノー坐禅、ノー念仏、題目イエス・オアーノーです。イエスと言ったら師匠を呼びに行きます」

師僧「中国人が来たら、どうするんじゃ」

小僧「ニーハウ。ノーワンタン、ノーラーメン、ノーシュウマイ。題目イエス・オアーノーです」

第83話　趣味

定年後に趣味に興ずる方が増えています。高齢化社会の第二の人生を謳歌できれば、幸いです。

婦人がモダンバレーの教室に通い、主人が仏教講座に通っている、定年後の夫婦の会話です。

婦人「私、今度発表会でミュージカルを踊るのよ」
亭主「そうかい、でもいくら練習しても、体型は変わらんなー」
婦人「あら、そうかしら」
亭主「練習曲目が悪いんじゃないかなー」
婦人「あら、どうして」
亭主「ウエストサイズ・フトーリー」
婦人「そういうあなたも、随分太ったみたいよ」

亭主「そうかなー」

婦人「だってあなた、講座の後、お友達と飲み食いしてるからよ」

亭主「それが原因かなー」

婦人「仏陀仏陀と言ってお酒を飲んで、罰があってデブッタのよ」

第84話　痩身《そうしん》美容教室

私鉄・地下鉄・JRの駅の近くには、語学・料理・ヨガ・パソコン・ダンス等のさまざまな教室の看板が目に入ります。なかでも痩身《そうしん》美容教室は、女性に人気の教室の一つです。

ある教室での先生と生徒の会話です。

新人「あのー、教室に入会したいのですが、どうすれば良いのですか」

先生「当教室の痩身プログラムは、次の三項目を基本とします。これを実行できる方のみ、入会を認めます」

新人「それは何でしょうか」

先生は、綺麗な絵入りの説明書を見せながら、

先生「❶週三回教室に通う。❷毎日自宅でプログラム通り三〇分の運動をする。❸食

事は、一日三回、腹八分と言い聞かせながら食べる。❹寝不足をせず、一日六時間の睡眠を取る。以上です。これを実行できる方だけが、理想の体型を獲得できるのです」

新人「わかりました。それなら実行できそうです。入会させてください」

そこに、中年婦人の生徒が相談に来ました。

生徒「あのー、もう三ヵ月になるんですが、痩せないのですが。何が原因でしょうか」

すると先生は、生徒を全身が映る鏡の前に立たせて尋ねました。

先生「プログラムを実行していますか」

生徒「はい、週三回の教室と、自宅プログラムの三〇分運動を実行しています」

先生「食事は守っていますか」

生徒「はい、一日三回、腹八分目と言いきかせながら、しっかり食べています」

先生「食べる量はどうですか」

生徒「あまり気にしません。でも、必ず腹八分目と言いながら、食べます」

先生「言い聞かせるだけで無く、量も八分にしないといけませんね」

生徒「でも腹八分、腹八分と言いながら食べると、食が進むんです。でもゲップが出るほど食べないので、腹八分だと思います」

先生「睡眠時間は、守っていますか」

生徒「はい、一日に六時間の睡眠です」

先生「不思議ですね、それで痩せないとは？」

生徒「もっとも私は、特に寝不足をしないように、食後一時間は必ず仮眠《かみん》を取ります」

先生「えっ、相撲取りは、体を大きくするために、食後仮眠を取るんですよ」

生徒「でも私は仮眠しないと、寝不足になります。睡眠と仮眠は字が違いますから、大丈夫だと思います。しかも、私は食事は取っても相撲を取りませんから」

先生「？？？」

第85話　お寺に相談

お寺には、いろんな方が見えます。中には愚痴をこぼしにくる方もおります。
毎年十二月、一年間の締めくくりに創作漢字が発表されます。その年も楽しい漢字が入選していました。

日頃から夫婦喧嘩の絶えない家があり、夫が愚痴をこぼしに来ました。
夫「もういい、では離婚しよう」
妻「財産をどうするつもり」
夫「お前にはやらない」
妻「そうはいかないわよ」
と言いながらメモ用紙に、Ｌの字を二つ背中合わせに書きました。
夫「これは、何の意味だ」

妻「山分けよ」

これを聞いて夫は、

夫「勝手を言うな。愚かなお前の考えそうなことだ」

と、関の字を三つ三角に書きました。

妻「これは、なによ」

夫「愚かなお前の考えは、関の山だ」

すると、妻が怒って、

妻「私はあなたほど、愚かではありません。あなたはこれよ。私はこうなのよ」

と、言いながら、月偏を大きく丸くした腹の字と手偏に色と書きました。

夫「なんだ、これは」

妻「あなたはメタボ、私は才色兼備なの」

夫「……」

第86話　パスジュース

今日もお寺に相談者が見えました。
檀家「私はブルーチーズが好きなんです。
住職「癖のある物が好きですな」
檀家「ところが家族は、皆嫌いなんですよ」
住職「そうでしょうなー」
檀家「女房にチーズを出せと言ったら、何とブルーチーズを靴下の形に切って出すんですよ」
住職「ははは、復讐されましたな」
檀家「そればかりじゃないんですよ。茸飯を造ると云うので楽しみにしていたら、茸の木形で押した、チャーハンなんですよ」
住職「いいじゃないですか。楽しい奥さんですね」

檀家「でも、私も悔しいから、ミキサーをもってこさせ、パスジュースを作ってやったんですよ」

住職「何ですかそれは」

檀家「水とはずれた宝くじをミキサーにかけた、当たりをパスしたジュースです」

第87話　一対一に変わりなし

寺の近くの中華レストランで、シュウマイを食べた時の会話です。

檀家「このシュウマイの肉の中身は何ですか」

店長「豚肉と鶏肉と企業秘密の味付けです」

檀家「肉の割合は」

店長「一対一です」

檀家「それにしては、鳥肉の味がしませんね」

店長「そうですか、確かに豚一頭と鳥一羽なんですがね」

住職「ははは、それでも一対一に変わりはないですな」

檀家「そうなんですよ。何か欺されたようでした。翌日は、隣の洋食レストランに入って、ハンバーグを注文したんです」

檀家「肉は、何ですか」

店長「牛肉と鶏肉の合い挽きです」

檀家「鶏の味がしないね」

店長「そうですか、牛一頭、鶏一羽なんですがね」

住職「ははは、また同じ目にあいましたね」

檀家「そうなんですよ。そこで、悔しいのでよく調べたら、隣の店と経営者が同じ人でした」

第88話　仏道修行

お寺の法座で質問がありました。

信徒「最近、題目をあげても功徳が出ないんですが」

住職「功徳とは積功累徳《しゃっくるいとく》といい、仏道修行の功績が重なり、仏の徳分に連《つら》なるんじゃ」

信徒「そうですか、功徳は積むんですか」

住職「出るか出ないかでは、パチンコじゃ」

信徒「利益《りやく》も同じですか」

住職「利益とは、利他己益《りたこやく》といい、他を利した分だけ己が益するんじゃ。子供の小遣いではあるまいし、貰うもんではない。いくら御利益《ごりやく》なぞと、御《ご》を付けても無意味じゃ」

信徒「題目をたくさん唱えた方が修行になりますか」

住職「唱題は数息観《すそくかん》で、呼吸が大事じゃ。早口で数多く唱えても、意味がないんじゃ」

住職「ナンミョウ・ホウレン・ゲキョウでは、三拍子のワルツじゃ。字に書けば南妙・法蓮・華経じゃ。意味が通じまい。ナンシャ・カニブツと唱えるかな」

信徒「どうすればよいのですか」

住職「題目は七文字を等間隔にゆっくり唱えるんじゃ。途中で息継ぎをするとすれば、南無妙法・蓮華経じゃな」

信徒「そうすると二拍になりますが」

住職「それで良いのじゃ。生体リズムは、全て二拍じゃ。三拍は、人工的リズムで、不自然なんじゃ」

信徒「全部二拍ですか」

住職「そうじゃ。六根（眼・耳・鼻・舌・身・意）はすべて、二じゃな」

信徒「鼻もですか」

住職「穴が二つじゃ」

信徒「口もですか」

住職「上下に歯があろうが。手足も二本じゃ」
信徒「足の真ん中に変な物がありますが」
住職「あれも珠が二つじゃ」
信徒「真ん中の竿は」
住職「あれも伸び縮みするから二つじゃ」

信徒「心臓は一つですが」
住職「部屋が上下四つある」
信徒「肝臓は一つですが」
住職「裏表がある」
信徒「脳味噌は一つですが」
住職「左右に分かれておる」
信徒「そうですね」
住職「お前さんは、悪い酒の飲みすぎで、少しおかしくなったんじゃ」
信徒「……」

住職「内緒で、静岡産のニチレンマサムネ（正宗）を飲んだじゃろうが」
信徒「その通りです」

あとがき

私どもの寺「蓮華寺」の伝承では、日蓮聖人が叡山に遊学中、現在の浮御堂《うきみどう》（旧千仏堂）参拝の際に、琵琶湖の入り江であった当地から小舟で渡り、その帰路に、

千仏堂、浄土の旅は遠けれど、妙法経力即身成仏　　法師蓮長

と、権実判の歌を詠んだと伝えています。

お寺の会報「蓮華通信」を３６８号まで続けられたのは、多くの方々の支えがあったからです。なかでも北村守筆頭総代、宿谷妙徳世話人には、出家以来、多大な物心両面でのご支援をいただいております。

学恩を受けた方々には、師僧の故森本日正上人を初め、故人となられた、顕本の笹川義孝上人、窪田哲城上人、八品の株橋日涌上人、芹沢日耀上人、興門の原日認上人、太田尊道上人、真門の林日圓上人等の各聖がございます。そのご教導は今でも忘れられないものです。

また、現在でも日蓮宗・大本山本圀寺貫首・伊藤日慈猊下、八品派大本山光長寺貫首・石田日信猊下には、物心両面で、さまざまなご温情をいただいております。

小咄を本にしてはと、最初に提言してくれた方は、元日蓮宗宗務総長・伊藤通明台下でした。そして旧知の割田剛雄氏が「鈍感力」などの小咄を国書刊行会の佐藤今朝夫社長に手渡したところ、佐藤社長の快諾を得て、出版の運びとなりました。

こうした数多くの善知識とのご縁をもとに、ようやく形になるのは誠にありがたく、この場を借りて篤《あつ》く感謝申し上げる次第です。

平成二十九年一月

松本　修明

著者略歴
松本 修明（まつもと・しゅうみょう）

1938（昭和13）年東京に生まれる。

蓮華寺無心庵住職。

東京ライフデザインアカデミー主任講師。

主要著書　『南無妙法蓮華経要義（全4巻）』『法華経要義』『本化興風略要品並法式』『漫荼羅三昧儀軌・本化興風広要品』その他。

連絡先　〒520-0244　滋賀県大津市衣川2-29-1　蓮華寺無心庵

坊《ぼう》さんの妙薬《みょうやく》小《こ》咄《ばなし》88話《わ》

平成二九年五月一日　初版第一刷発行

著　者　松本修明
発行者　佐藤今朝夫
発行所　株式会社　国書刊行会
〒一七四—〇〇五六
東京都板橋区志村一—一三—一五
TEL　〇三（五九七〇）七四二一
FAX　〇三（五九七〇）七四二七
http://www.kokusho.co.jp
印刷所　株式会社エーヴィスシステムズ
製本所　株式会社村上製本所

落丁本・乱丁本はお取替え致します。

ISBN 978-4-336-06140-9